FRANZ TROYER

HEILSAME BEGEGNUNGEN

Impulse aus dem
Johannesevangelium

Tyrolia-Verlag · Innsbruck–Wien

Mitglied der Verlagsgruppe „engagement"

2016
© Verlagsanstalt Tyrolia, Innsbruck
Umschlaggestaltung, Layout und digitale Gestaltung: Tyrolia, Innsbruck
unter Verwendung eines Bildes aus S. Apollinare Nuovo in Ravenna
© akg-images / Erich Lessing / Heilung Betesda
Druck und Bindung: FINIDR, Tschechien
ISBN 978-3-7022-3514-7
E-Mail: buchverlag@tyrolia.at
Internet: www.tyrolia-verlag.at

Inhaltsverzeichnis

Vorwort

Seit Jahren lässt mich die Beobachtung nicht mehr los, dass das Wort „Therapie" von seiner griechischen Sprachwurzel her die Doppelbedeutung „Gottesverehrung" und „Heilung" hat. Diese Tatsache motiviert mich immer wieder, über die Zusammenhänge zwischen der Achtung vor Gott und der Heilung unserer Krankheiten nachzudenken. Stärkt ein gesunder Glaube die Selbstheilungskräfte? Wie kann ein tiefes Vertrauen in Gott helfen, dass Menschen mit Krankheiten und Leid besser umgehen können? Wie kann es gelingen, dass viele Menschen Jesus als Therapeuten erleben und dadurch Heil und Heilung an Leib und Seele erfahren? Was ist einzigartig an Jesus?

All diese Fragen sind der Ausgangspunkt für dieses Buch. Ich versuche, die Bibel genauer zu lesen und zu schauen, wie in den Evangelien heilsame Begegnungen beschrieben werden. Wie stärkt Jesus die Menschen in verschiedenen Fragen ihres Lebens? Welche Initiativen setzen Menschen selbst, wo macht Jesus den ersten Schritt? Welche Haltungen verhindern einen heilsamen Kontakt zu Jesus? Was ist das Faszinierende an Jesus von Nazaret, dass nach 2000 Jahren immer noch Menschen von ihm reden und ihm nachfolgen? Sind es seine Worte, seine Taten, ist es sein Charisma? Oder sein konsequentes Leben mit Leiden, Tod und Auferstehung, wodurch er auf die Frage aller Fragen nach dem Leid der Welt antwortet?

Alle vier Evangelien berichten, dass Jesus einzelne Menschen heilt und dies mit Vorliebe am Sabbat geschieht. Das ärgert die Pharisäer und Schriftgelehrten. Für einige ist es sogar der Beweis, dass Jesus nicht im Namen Gottes

gekommen ist. Einmal antwortet Jesus auf diese Vorwürfe mit den Worten: *Warum zürnt ihr mir, weil ich am
Sabbat einen Menschen als Ganzen gesund gemacht habe?*
(Johannes 7,23). Diese Antwort beschreibt nicht nur Jesu
Verständnis des Sabbats, sondern auch seine Therapieme-
thode. Jesus behandelt nicht Symptome, sondern hat den
ganzen Menschen im Blick. Heilwerden betrifft alle Fasern
des Menschen. Mich wundert es deshalb nicht, dass Menschen bei Begegnungen mit Jesus nicht nur geheilt, sondern
auch verwandelt wurden.

In diesem Buch konzentriere ich mich auf das Johannesevangelium und lenke den Blick auf bekannte und auch
unbekannte Teile des vierten Evangeliums. Ich hoffe, dass
meine Gedanken eine kleine Hilfe sind, dieses mystische
Evangelium besser zu verstehen, mit ihm hinter die Kulissen des eigenen Lebens zu blicken und einzelne Ereignisse
in einem neuen Licht zu sehen.

Mein besonderer Dank gilt Prof. Martin Hasitschka SJ
für viele bibeltheologische Tipps. Einzelne Kapitel dieses
Buches entstanden nach Bibelrunden und Predigten oder
Gesprächen am Küchentisch. Ich möchte solche Gespräche
nicht missen.

Innsbruck, im Advent 2015   *Franz Troyer*

Adlerflüge

Prolog
Johannes 1,1–14

Im Anfang war das Wort, und das Wort war bei Gott,
und das Wort war Gott.
Im Anfang war es bei Gott.
Alles ist durch das Wort geworden
und ohne das Wort wurde nichts, was geworden ist.
In ihm war das Leben
und das Leben war das Licht der Menschen.
Und das Licht leuchtet in der Finsternis
und die Finsternis hat es nicht erfasst.
Es trat ein Mensch auf, der von Gott gesandt war; sein Name
war Johannes. Er kam als Zeuge, um Zeugnis abzulegen für
das Licht, damit alle durch ihn zum Glauben kommen. Er war
nicht selbst das Licht, er sollte nur Zeugnis ablegen für das
Licht.
Das wahre Licht, das jeden Menschen erleuchtet,
kam in die Welt.
Er war in der Welt und die Welt ist durch ihn geworden,
aber die Welt erkannte ihn nicht.
Er kam in sein Eigentum,
aber die Seinen nahmen ihn nicht auf.

Allen aber, die ihn aufnahmen,
gab er Macht, Kinder Gottes zu werden,
allen, die an seinen Namen glauben,
die nicht aus dem Blut,
nicht aus dem Willen des Fleisches,
nicht aus dem Willen des Mannes,
sondern aus Gott geboren sind.
Und das Wort ist Fleisch geworden
und hat unter uns gewohnt,
und wir haben seine Herrlichkeit gesehen,
die Herrlichkeit des einzigen Sohnes vom Vater,
voll Gnade und Wahrheit.

Johannes 1,1–14

Ein Adler dreht hoch in den Lüften seine Runden. Seine
Kunst zu fliegen wirkt majestätisch, elegant und leicht. Ein
beeindruckendes Bild und wahrlich ein Symbol der Weite,
der Freiheit und Kraft!

In der christlichen Kunst symbolisiert der Adler den
Evangelisten Johannes. Sie vergleicht den Beginn seines
Evangeliums, der in der Wissenschaft als Prolog bezeichnet
wird, zu Recht mit einem Adlerflug. Johannes bleibt hier
nicht am Boden oder startet nur langsam an Höhe. Nein, er
steigt in seiner Betrachtung sofort wie ein Adler in die Lüfte
und schildert aus höchster Perspektive das unvorstellbare
Ereignis der Menschwerdung Gottes. Johannes holt weit
aus, macht große theologische Rundflüge und betrachtet
mit den Augen Gottes die Täler der Heilsgeschichte und
auch die Schluchten des Unheils dieser Welt. Er lädt uns
ein, öfters über die Hügel und Berge der Menschheit zu fliegen und diese aus der Ferne und Nähe zu betrachten. Im
Folgenden wird dies in fünf Adlerflügen versucht.

Adlerflug 1: Schöpfung

Bereits die ersten Flügelschläge des Prologs bündeln in wenigen Worten die Zeitgeschichte von Jahrtausenden. Johannes beginnt bei Gott und zeitlich noch vor der Schöpfung der Welt: *Im Anfang war das Wort, und das Wort war bei Gott.* Mit dieser Formulierung greift Johannes bewusst auf die ersten Worte der Bibel zurück: *Im Anfang schuf Gott Himmel und Erde* (Genesis 1,1). Dort wird der Beginn von Himmel und Erde geschildert, hier der größte Neubeginn, nämlich die Menschwerdung des Wortes in Jesus Christus. Schöpfung und Heil sind damit für immer miteinander verbunden. Eine Trennung zwischen Weltgeschichte und Heilsgeschichte ist nicht mehr möglich.

Adlerflug 2: Licht

Bei der folgenden Adlerrunde strahlt uns das göttliche Licht entgegen. Es erleuchtet nicht nur die gesamte Heilsgeschichte, sondern strahlt gezielt in die Finsternis dieser Welt hinein. *Und das Licht leuchtet in der Finsternis und die Finsternis hat es nicht erfasst.* In Jesus Christus geschieht wie bei einem Sonnenaufgang das Einzigartige und lang Erwartete: *Das wahre Licht, das jeden Menschen erleuchtet, kam in die Welt.*

Das Johannesevangelium zeigt, dass dieses Licht nie mehr erlischt und am Ostermorgen endgültig die tiefste Finsternis durchdringt. Es schildert in den kommenden Kapiteln, wie dieses Licht verschiedenste Menschen erleuchtet. Der suchende Nikodemus kommt mitten in der Nacht zu Jesus, um das wahre Licht zu finden. Maria von Magdala macht sich noch in der Nacht auf den Weg zum

Grab Jesu. Ahnt sie schon, dass nicht nur ein neuer Tag beginnt, sondern das Osterlicht für immer aufleuchtet und Christus sogar in die Dunkelheit unserer Nächte kommt? Johannes der Täufer nimmt dieses Licht auf und strahlt es wie der Mond auf die Erde zurück: *Er war nicht selbst das Licht, er sollte nur Zeugnis ablegen für das Licht.*

Die Botschaft von Jesu Licht ist ein ermutigender und zugleich tröstlicher Gedanke sofort am Beginn des Johannesevangeliums. Wir Menschen müssen nicht selbst das Licht sein, das wäre eine heillose Überforderung. Es genügt, dass wir das wahre Licht suchen und uns erleuchten lassen. Wir müssen keinen Sonnenaufgang machen. Unsere Aufgabe besteht darin, im richtigen Moment am richtigen Ort zu sein, um den Sonnenaufgang zu erleben.

Adlerflug 3: Konsequenzen für Gott

Nun könnte jemand behaupten: Der Evangelist Johannes liefert in seinem Prolog nur symbolische Bilder von Licht und Finsternis, von Gut und Böse, von Tod und Leben, aber zur Geburt Jesu Christi sagt er uns nichts Konkretes: keine Jahreszahl, keinen Geburtsort, nicht einmal den Namen der Eltern. Einzig Johannes der Täufer und Jesus Christus (aber erst in Vers 17!) werden namentlich erwähnt. Ist der Prolog reine Poesie ohne handfeste Folgen?

Der Text des Prologs bleibt nicht irgendwo in der Luft hängen, sondern zeigt, dass sich Gott mit allen Konsequenzen entscheidet, Mensch zu werden. Die Folgen für Gott verdeutlicht ein Vergleich mit der Religion der Nachbarvölker. In der Vorstellung der alten Griechen und Römer nahmen die Götter gelegentlich Menschengestalt an, manchmal zum Zeitvertreib, manchmal für ein Liebesabenteuer mit den Menschen. Der Göttervater Zeus verwandelt sich z. B. einmal in einen Stier, um sich dem schönen Mädchen Europa zu nähern und sie zu verführen. Nach dem Abenteuer verschwindet er wieder.

Das Johannesevangelium zeigt, dass Jesu Menschwerdung ganz anders ist: *Das Wort ist Fleisch geworden und hat unter uns gewohnt* (wörtlich: „und hat unter uns gezeltet"; die griechische Zeitform Aorist unterstreicht, dass hier ein ganz bestimmter Zeitpunkt in der Vergangenheit gemeint ist und nicht nur etwas Allgemeines). Fleisch ist Ausdruck für das irdisch Gebundene, für das hinfällig Vergängliche, ja sogar für das Hilflose. In Jesus wagt sich Gott mit Haut und Haaren in all diese vergänglichen Bereiche vor. Er tut dies nicht nur für einige Stunden, um dann wie die griechischen Götter sofort zu verschwinden, wenn es schwierig, langweilig oder verpflichtend wird.

Gott bleibt nicht in fernen Lüften, sondern berührt in Jesus den Ackerboden dieser Welt. Jesus landet zielstrebig, bleibt hier und wird einer von uns Nachkommen Adams, ohne das Fliegen zu verlernen. Jesus bleibt bis zum Tod am Kreuz ein Mensch. *Er kam in sein Eigentum, aber die Seinen nahmen ihn nicht auf.* Gott scheut nicht einmal die Ablehnung der Welt. Alle großen Religionen sind ein Weg der Menschen zu Gott, das Christentum ist zuallererst der Weg Gottes zu den Menschen.

Adlerflug 4: Konsequenzen für uns

All das hat auch Folgen für uns Menschen: Durch die Menschwerdung Jesu werden wir seine Geschwister und Kinder Gottes: *Allen, die ihn aufnahmen, gab er die Macht, Kinder Gottes zu werden.* Die Zusage, dass wir Kinder Got-

tes werden, unterstreicht, dass wir einerseits seit eh und je
Kinder Gottes sind, andererseits diese Fähigkeit noch nicht
voll entwickelt haben. Mit Jesus kann und soll dies gelingen. Der Evangelist Johannes wird im Laufe seines Evangeliums immer wieder exemplarisch aufzeigen, wie ein Leben
in Fülle möglich ist, aber auch, wie wir Menschen die gött-
lichen Kräfte bremsen und ablehnen.

Adlerflug 5: Gottes Wort

Es ist spannend, die gesamte Bibel mit der Frage zu lesen,
wie Gott spricht und wie Menschen die Stimme Gottes
hören können. Für die Bibel ist es ganz selbstverständlich,
dass wir Menschen Gott hören können, manchmal ganz direkt, manchmal in der Stimme von Propheten, Engeln und
Boten Gottes, manchmal in Träumen und Visionen. Gottes
wirkmächtiges Wort lässt bereits bei der Erschaffung der
Welt Licht und Leben entstehen. *Gott sprach, es werde Licht.*
Und es wurde Licht (Genesis 1,3). Die Bibel betont, dass
Gott seit Adam und Eva immer neu Menschen anspricht
und sein Wort nie oberflächliches Gerede ist. Dieses Wort
warnt, muntert auf und weist neue Wege. Gottes Wort lässt
Menschen wie Abraham aufbrechen und eine neue Zukunft
wagen.

Gottes Wort wird allzu oft kaum oder gar nicht gehört.
Gott gibt in solchen Situationen mit seiner Gesprächsbe-
reitschaft und seinem Werben um den Menschen nicht auf.
Er sucht neue Orte und spricht in jenem Ton, der in der
jeweiligen Situation den größten Erfolg bringt. Wie eine erfahrene Mutter und ein guter Vater sucht Gott Gelegenheiten, um seine Kinder in rechter Weise anzusprechen und
den Kontakt zu pflegen.

In Jesus startet Gott den unüberbietbaren Versuch, die Menschen bis ins Innerste anzureden. Das gesprochene Wort Gottes wird hier nicht per Post oder E-Mail übermittelt, nein, Gott kommt und wird in Jesus Christus selbst zum sichtbaren und greifbaren Wort. *Als tiefes Schweigen das All umfing und die Nacht bis zur Mitte gelangt war, da stieg dein allmächtiges Wort, oh Herr, vom Himmel herab, vom königlichen Thron,* so wird das große Ereignis bereits im alttestamentlichen Buch der Weisheit (18,14–15) angedeutet. Dieses unüberbietbare Wort ist ein Liebesbrief Gottes an uns Menschen, geschrieben nicht mit Tinte, sondern mit dem Fleisch und Blut seines Sohnes (vgl. 2 Korinther 3,3). Die erste Weihnachtspost hat Gott selbst geschrieben. „Wenn wir sagen: Es ist Weihnacht, dann sagen wir: Gott hat sein letztes, sein tiefstes, sein schönstes Wort in die Welt hinein gesagt, ein Wort, das nicht mehr rückgängig gemacht werden kann, weil es Gottes endgültige Tat ist. Und dieses Wort heißt: Ich liebe dich, du Welt und du Mensch. Das ist ein Wort, das Lebensmut gibt und aufrichtet – und dieses Wort dürfen wir in unsere Welt hinein tragen" (Karl Rahner).

Vergleich mit den anderen Evangelien

Jeder, der von Gott redet, spürt bald die Unfähigkeit, Gottes Menschwerdung zu beschreiben. So ist es kein Wunder, dass die Bibel die Geburt Jesu ganz verschieden schildert:

▸ Das älteste Zeugnis lesen wir im Brief des Apostels Paulus an die Galater: *Als aber die Zeit erfüllt war, sandte Gott seinen Sohn, geboren von einer Frau und dem Gesetz unterstellt* (Galater 4,4).

▸ Matthäus schildert den menschlichen Stammbaum Jesu und zeigt die absolute Neuschöpfung und Einzigartigkeit Jesu, indem er von einer Jungfrauengeburt redet. Die Geburt Jesu formuliert er in einem Nebensatz: *Als Jesus zur Zeit des Königs Herodes in Betlehem in Judäa geboren worden war, da kamen Sterndeuter aus dem Osten* (Matthäus 2,1).

▸ Das Markusevangelium enthält keine einzige Zeile zur Geburt oder Kindheit Jesu.

▸ Das religiöse Brauchtum greift am meisten auf Lukas zurück. Er erzählt vom Engel Gabriel, der zur Jungfrau Maria kommt. Nur er berichtet vom Kaiser Augustus, von den Hirten und den Engeln und von der Geburt Jesu in einem Stall in Betlehem.

Vieles, das Menschen mit dem Weihnachtsfest verbinden, lässt sich im Prolog des Johannesevangeliums nicht finden. Dieser ist keine romantische Erzählung, sondern ein Hymnus, der in feierlicher und dichterischer Sprache die Bedeutung Jesu für die ganze Schöpfung und vor allem für die Menschen besingt. Es scheint, als wolle uns Johannes mit seinen Adlerflügen in eine andere Welt führen. Wer kommt hier nicht ins Staunen und beginnt mit den Worten von Psalm 91 zu beten: *Er beschirmt dich mit seinen Flügeln, unter seinen Schwingen findest du Zuflucht, Schild und Schutz ist dir seine Treue.*

Das besondere Wort

Milliarden Jahre waren vergangen, seit Gott Himmel und Erde geschaffen hatte und das Licht von der Finsternis trennte.
Millionen Jahre, seit er den Menschen gebildet.
1800 Jahre waren vergangen seit der Berufung Abrahams,

1500 Jahre, seit Mose das Volk Israel aus Ägypten herausgeführt hatte,
1000 Jahre seit der Salbung Davids zum König.
753 Jahre nach Gründung der Stadt Rom,
im 42. Regierungsjahr des Kaisers Augustus,
vor mehr als 2000 Jahren:
Da wollte Jesus Christus, ewiger Gott und Sohn des ewigen Vaters,
Gott von Gott und Licht von Licht,
die Welt heiligen durch seine liebevolle Ankunft.
Er, das wahre Licht, das jeden Menschen erleuchtet, kam in die Welt.

Quelle unbekannt

Füllt die Krüge mit Wasser!

Zwei Zeichen in Kana
Johannes 2,1–12 / Johannes 4,43–54

„Glaubst du wirklich, dass Jesus bei der Hochzeit zu Kana sechshundert Liter Wasser in Wein verwandelt hat?" So wurde ein Kirchenvater einmal gefragt. Dieser schwieg lange, schaute dann in die Runde und sagte: „Und wir trinken immer noch davon!" Dieser Bibelfachmann verstand die symbolische Sprache des Johannesevangeliums und blieb nicht nur bei der Frage stecken, wie ein historisches Ereignis wirklich abgelaufen ist. Mit seiner Antwort wird klar, dass Jesus bei der Hochzeit zu Kana eine Quelle angeschlagen hat, dessen Wein die gesamte Menschheit genießen kann.

Das Johannesevangelium will uns nicht nur berichten, dass Jesus bei Hochzeiten dabei war und mit den Menschen gerne gefeiert hat. Mit der Schilderung der Hochzeit zu Kana lässt es das öffentliche Wirken Jesu sofort mit einem Höhepunkt beginnen und den Traum Gottes von einem erfüllten Menschenleben aufleuchten. Gleichzeitig bleibt Johannes ein Realist und beschreibt exemplarisch so manche Pannen in Kana, die jedes Leben in Fülle gefährden. Bei der anschließenden Tempelaustreibung wird endgültig klar, dass die Menschen selbst das größte Hindernis für den Himmel auf Erden sind.

So möchte ich in den anschließenden Gedanken den Blick besonders darauf richten, wie ein sinnvolles Leben erreicht werden kann und welche Hindernisse uns ständig im Weg stehen.

So tat Jesus sein erstes Zeichen in Kana

Am dritten Tag fand in Kana in Galiläa eine Hochzeit statt und die Mutter Jesu war dabei. Auch Jesus und seine Jünger waren zur Hochzeit eingeladen. Als der Wein ausging, sagte die Mutter Jesu zu ihm: Sie haben keinen Wein mehr. Jesus erwiderte ihr: Was willst du von mir, Frau? Meine Stunde ist noch nicht gekommen. Seine Mutter sagte zu den Dienern: Was er euch sagt, das tut! Es standen dort sechs steinerne Wasserkrüge, wie es der Reinigungsvorschrift der Juden entsprach; jeder fasste ungefähr hundert Liter. Jesus sagte zu den Dienern: Füllt die Krüge mit Wasser! Und sie füllten sie bis zum Rand. Er sagte zu ihnen: Schöpft jetzt und bringt es dem, der für das Festmahl verantwortlich ist. Sie brachten es ihm. Er kostete das Wasser, das zu Wein geworden war. Er wusste nicht, woher der Wein kam; die Diener aber, die das Wasser geschöpft hatten, wussten es. Da ließ er den Bräutigam rufen und sagte zu ihm: Jeder setzt zuerst den guten Wein vor und erst, wenn die Gäste zu viel getrunken haben, den weniger guten. Du jedoch hast den guten Wein bis jetzt zurückgehalten. So tat Jesus sein erstes Zeichen, in Kana in Galiläa, und offenbarte seine Herrlichkeit und seine Jünger glaubten an ihn. Danach zog er mit seiner Mutter, seinen Brüdern und seinen Jüngern nach Kafarnaum hinab. Dort blieben sie einige Zeit.

Johannes 2, 1–12

Eine Hochzeit dauerte in Palästina zur Zeit Jesu eine ganze
Woche. Sie war ein großes Fest mit Musik, Tanz und festli-
chem Essen und Trinken. Das Hochzeitspaar sollte auf diese
Weise den Zusammenhalt der Großfamilien und der Dorf-
gemeinschaft erfahren. Die lange Feier gab Gelegenheit zu
verschiedensten Gesprächen und Begegnungen. Aufgrund
des schlichten Lebensstils vieler Menschen war jede Hochzeit ein Ereignis, das eine willkommene Abwechslung zum
oft armen Alltag brachte. Nicht ohne Grund wurde deshalb
die Hochzeitsfeier auch ein Bild für den Himmel.

Der Lebenstraum einer gelungenen Hochzeitsfeier droht
in Kana zu einem Desaster zu werden. Der Wein geht aus!
Was für eine Blamage für das Hochzeitspaar! Die Hochzeit
scheint im wahrsten Sinn des Wortes ins Wasser zu fallen.
Noch bevor die Menge die kritische Situation bemerkt,
rettet Jesus das Fest. Dies ist für mich ein Bild dafür, dass
wir zum Glück in vielen Lebenssituationen nicht merken,
in welcher Gefahr wir uns eigentlich befinden. Die Lösung
im Hintergrund gelingt, bevor die Anspannung und ner-
venaufreibende Belastung alle Kräfte bindet. Jesus rettet
die Hochzeitsfeier nicht nur kurzfristig. Damit nichts mehr
schiefgehen kann, verwandelt er eine große Menge von
Wasser in Wein. Mit sechshundert Liter Wein lässt es sich
gut feiern, noch dazu, wenn der Wein ein Spitzenprodukt
darstellt.

Der Bericht von der Hochzeit zu Kana startet mit der
Zeitangabe *am dritten Tag*. Dieser Hinweis stellt eine Verbindung zu den bisherigen vier Tagen des öffentlichen Auf-
tretens Jesu her, dessen Zeitstruktur sich aufgrund der dreimaligen Worte *am Tag darauf* (Johannes 1,29.35.43) ergibt.
Jesus kommt demnach am siebten Tag seines Wirkens nach
Kana. Diese Information ist keine nebensächliche Zeitan-

gabe, sondern stellt Verbindungen zum Sabbat, dem Tag
der Vollendung des Schöpfungswerkes her. Wenn Jesus am
siebten Tag zur Hochzeit kommt, dann will er das Schöp-
fungswerk vollenden. Zugleich deutet der dritte Tag bereits
auf die Auferstehung Jesu hin. Diese wird die Ketten der
Welt für immer zerreißen und in neuer Weise die Tür zum
himmlischen Hochzeitsmahl öffnen. Der himmlische Wein
steht für immer bereit.

Der Bibeltext enthält auch eine zweite Zeitangabe mit
einer tieferen Bedeutung: *Meine Stunde ist noch nicht gekommen.* Diese blickt bereits auf die große Stunde voraus,
in der Jesus, am Kreuz erhöht, die Herrlichkeit Gottes aufzeigen und die Menschheit erlösen wird. Jesus kennt bereits diese Stunde und geht bewusst auf sie zu. Mit diesem
Wissen beginnt er das letzte Abendmahl: *Es war vor dem
Paschafest. Jesus wusste, dass seine Stunde gekommen war,
um aus dieser Welt zum Vater hinüberzugehen* (Johannes
13,1).

Ohne genauer zu beschreiben, wie Jesus das Wasser in
Wein verwandelt, betont der Bibeltext, dass Jesus das Ent-
scheidende fürs Weinwunder bewirkt. Jesus beweist in Kana exemplarisch, dass er uns im Leben mehr geben will,
als wir erwarten oder selber beitragen können. Damit die
Beziehung zwischen Gott und Mensch aber nicht eine Ein-
bahnstraße wird, braucht es auch einen Beitrag der Menschen. In Kana ist dies beispielhaft gelungen: Maria merkt,
dass der Wein ausgeht, und meldet dies ihrem Sohn. Trotz
der Zurückweisung fordert sie die Diener auf, auf Jesu Wei-
sung zu hören: *Was er euch sagt, das tut!* Die Diener erfüllen den Auftrag und bringen den neuen Wein zum Haupt-
verantwortlichen für das Hochzeitsfest. Nicht nur dieser ist
überrascht und verwundert.

Geht Ihnen auch manchmal der Wein aus?

Wenn wir Menschen nur Forderungen an Gott stellen und Gott nur „anbetteln", kann Leben nicht gelingen. Wo wir ein gutes Verhältnis zwischen Geben und Nehmen leben, entsteht wahre Freude und Gemeinschaft. Wo wir auf Kosten anderer einzig unseren Vorteil suchen, dort verhärten sich die Fronten. Es kann sogar peinlich werden, wie es folgende bekannte Geschichte erzählt: Ein junges Paar, das sehr arm war, wünschte sich eine große Hochzeit mit vielen Freunden. Sie baten alle Freunde, zum Fest zu kommen und in einer Flasche einen bestimmten Wein mitzubringen. Beim Eingang zum Hochzeitssaal stehe ein großes Fass. Alle sollten dort ihre Gabe hineingießen. Die Freunde kamen in großer Zahl. Als vom großen Fass der erste Wein geholt wurde, da wurde es ganz still im Saal. Im Fass war nur Wasser. Alle hatten nur Wasser mitgebracht in der Meinung, dass ihr Wasser nicht auffällt und sie somit auf Kosten der anderen feiern können. Der Egoismus war entlarvt.

„Geht Ihnen auch manchmal der Wein aus?", so fragte in den letzten Jahren öfters eine Referentin bei Bibelseminaren. Alle verstanden, dass es in diesen Worten nicht darum ging, ob in der Speisekammer genug Weinvorrat lagert. Nein, die Referentin fragte nach der Lebenskraft und Lebensfülle und richtete die Aufmerksamkeit darauf, ob jemand aus dem Vollen schöpfen kann und nicht ständig übermüdet „auf dem Zahnfleisch" daherkommt. Die Frage greift die Angst vieler Menschen auf, dass ihnen die Kraft und Liebe ausgeht und sie wie Steinkrüge erstarren. Geht Ihnen auch manchmal der Wein aus?

Zweites Zeichen in Kana

Nach diesen beiden Tagen ging er von dort nach Galiläa.
Jesus selbst hatte nämlich bestätigt: Ein Prophet wird in seiner
eigenen Heimat nicht geehrt. Als er nun nach Galiläa kam,
nahmen ihn die Galiläer auf, weil sie alles gesehen hatten, was
er in Jerusalem während des Festes getan hatte; denn auch sie
waren zum Fest gekommen.

Jesus kam wieder nach Kana in Galiläa, wo er das Wasser
in Wein verwandelt hatte. In Kafarnaum lebte ein königlicher
Beamter; dessen Sohn war krank. Als er hörte, dass Jesus von
Judäa nach Galiläa gekommen war, suchte er ihn auf und bat
ihn, herabzukommen und seinen Sohn zu heilen; denn er lag
im Sterben. Da sagte Jesus zu ihm: Wenn ihr nicht Zeichen
und Wunder seht, glaubt ihr nicht. Der Beamte bat ihn: Herr,
komm herab, ehe mein Kind stirbt. Jesus erwiderte ihm: Geh,
dein Sohn lebt! Der Mann glaubte dem Wort, das Jesus zu ihm
gesagt hatte, und machte sich auf den Weg. Noch während er
unterwegs war, kamen ihm seine Diener entgegen und sagten:
Dein Junge lebt. Da fragte er sie genau nach der Stunde, in der
die Besserung eingetreten war. Sie antworteten: Gestern in der
siebten Stunde ist das Fieber von ihm gewichen. Da erkannte
der Vater, dass es genau zu der Stunde war, als Jesus zu ihm
gesagt hatte: Dein Sohn lebt. Und er wurde gläubig mit seinem
ganzen Haus.

So tat Jesus sein zweites Zeichen, und zwar nachdem er von
Judäa nach Galiläa gekommen war.

                                                    Johannes 4,43–54

Johannes schildert in 4,42, dass die Bewohner Samariens
aus eigener Erfahrung zur Gewissheit gekommen sind, dass
Jesus *wirklich der Retter der Welt* ist. In den beiden anschließenden Abschnitten folgen zwei Beispiele, die diese Überzeugung bestätigen: Jesus rettet den Sohn eines königlichen

Beamten (Johannes 4,43–54) und den Gelähmten am Teich Betesda (Johannes 5,1–17).

Das vorausgehende Wirken Jesu in Jerusalem scheint sich bis nach Galiläa herumgesprochen zu haben. Immerhin waren einige Galiläer selbst dort beim Fest. Der positive Ruf hat zur Folge, dass Jesus auch in seiner Heimat freundlich aufgenommen wird. Nach den Begegnungen in Samarien ein nächstes Erfolgsereignis! Die Welle der Begeisterung bewegt sich bis Kafarnaum. Dort erfährt ein königlicher Beamter, dass Jesus wieder in Kana ist. Er bricht sofort auf und kommt dorthin. Er setzt alle Hoffnung auf Jesus und bittet ihn, seinen in Kafarnaum sterbenden Sohn zu heilen. Wie bei der Hochzeit zu Kana bremst Jesus zunächst die Wünsche: *Wenn ihr nicht Zeichen und Wunder seht, glaubt ihr nicht.* Jesus merkt, dass der königliche Beamte im tiefsten Herzen glaubt, und bewirkt durch eine Fernheilung das Wunder an dessen Sohn. Der königliche Beamte zeigt nach der Heilung, dass sein Glaube echt und mehr ist als ein egoistischer Wunderglaube. Er wird mit seinem ganzen Haus gläubig. Er ist wie die Bewohner Samariens aus eigener Erfahrung zum Glauben gekommen.

Sieben Zeichen im Johannesevangelium

Noch viele andere Zeichen, die in diesem Buch nicht aufgeschrieben sind, hat Jesus vor den Augen seiner Jünger getan. Diese aber sind aufgeschrieben, damit ihr glaubt, dass Jesus der Messias ist, der Sohn Gottes, und damit ihr durch den Glauben das Leben habt in seinem Namen.

Johannes 20,30–31

„Wir müssen Zeichen setzen, die alle Menschen verstehen!" „Wir brauchen ein aufrüttelndes Zeichen!" Wer aufmerksam Grundsatzansprachen in Politik und Kirche verfolgt, wird wiederholt solche und ähnliche Forderungen hören. Derzeit wird in vielen Medien gelobt, dass Papst Franziskus ein Meister der Zeichen ist. Er versteht es, im richtigen Moment das Richtige zu tun. Seine Handlungen erklären besser als viele Enzykliken oder Grundsatzpapiere, auf welchen Weg er die katholische Kirche führen möchte. Seine Zeichen lassen sich mit einem Wegweiser vergleichen, der gleichzeitig zu den Ärmsten und zu Gott hinführt. Der Sinn dieser Zeichen liegt nicht in ihnen selbst, sie wollen auf etwas anderes hinweisen.

Das Johannesevangelium deutet die großen Handlungen Jesu als Zeichen (griechisch „semeia"). Es betont nach der Hochzeit zu Kana ausdrücklich: *So tat Jesus sein erstes Zeichen, in Kana in Galiläa, und offenbarte seine Herrlichkeit und seine Jünger glaubten an ihn.* Mit ähnlichen Worten endet die Heilung des Sohnes eines königlichen Beamten: *So tat Jesus sein zweites Zeichen, und zwar nachdem er von Judäa nach Galiläa gekommen war.* Diese beiden Zeichen bilden den Beginn von insgesamt sieben, die wie Perlen einer Halskette aufs ganze Evangelium verteilt sind: Neben den beiden sind dies die Heilung eines Gelähmten (Johannes 5,1–9), die Speisung der Fünftausend (Johannes 6,1–15), der Seewandel Jesu (Johannes 6,16–21), die Heilung des Blindgeborenen (Johannes 9,1–41) und als Höhepunkt die Auferweckung des Lazarus (Johannes 11,1–44).

Die Zahl sieben ist dabei nicht zufällig gewählt. Johannes will darin exemplarisch die Fülle und Vielfalt des helfenden Handelns Jesu darstellen. Diese sieben Zeichen Jesu bringen das konkrete und gleichzeitig ewig gültige Wirken Jesu zum Ausdruck. Sie sprechen für sich. Trotzdem betont Johannes öfters vor oder nach der jeweiligen Zeichenhandlung, warum diese geschieht. Die Hochzeit zu Kana will die Herrlichkeit Jesu offenbaren und auch bewirken, dass die soeben berufenen Jünger an ihn glauben. Am Blindgeborenen soll das Wirken Gottes offenbar werden. Die Auferweckung des Lazarus *dient der Verherrlichung Gottes: Durch sie soll der Sohn Gottes verherrlicht werden* (Johannes 11,4). Am Ende seines Evangeliums erwähnt Johannes, dass Jesus noch viele andere Zeichen vollbracht hat. Er spricht anschließend uns LeserInnen und HörerInnen direkt an und formuliert das Ziel seines Evangeliums. Es soll und will auch uns helfen, zu glauben, dass Jesus der Messias und Sohn Gottes ist. Das hat Konsequenzen für heute und für alle Ewigkeit: Der Auferstandene handelt auch heute an und mit uns. Deshalb geht es beim Glauben an Jesus nicht um ein Hobby oder einen Luxus für besonders Fromme, sondern um die Tür zum ewigen Leben. „Und wir trinken immer noch daraus!", meinte der Kirchenvater zu Recht.

Vergleich mit den anderen Evangelien

Würde man die drei Synoptiker Matthäus, Markus und Lukas fragen, wo in ihren Evangelien die Herrlichkeit Jesu in der Zeit vor der Auferstehung am meisten aufleuchtet, dann würden sie wohl antworten: „Bei der Verklärung". Johannes würde vermutlich folgende Antwort geben: „Bei den verschiedenen Zeichen, die der irdische Jesus gewirkt hat, ahnen wir etwas von der Herrlichkeit Jesu. Aber die Fülle seiner Herrlichkeit strahlt so richtig am Kreuz auf."

Die Synoptiker verwenden im Gegensatz zu Johannes weder für die Verklärung noch für die Wunder Jesu den Ausdruck „Zeichen". Die Wundertaten Jesu werden als „Krafttaten" bezeichnet. Die Wirkung und der Sinn der Wunder Jesu ist aber derselbe. Sie zeigen beispielhaft, wie heilsam das Reich Gottes ist und dass dieses mit Jesus angebrochen ist.

Der wiederholte Ruf nach einem Zeichen wird in allen vier Evangelien überliefert und kritisiert. Besonders die Schriftgelehrten, die Pharisäer und Sadduzäer erheben diese Forderung: *Meister, wir möchten von dir ein Zeichen sehen. Er antwortete ihnen: Diese böse und treulose Generation fordert ein Zeichen, aber es wird ihr kein anderes gegeben werden als das Zeichen des Propheten Jona* (Matthäus 12,38–39). Jesus lässt sich nicht auf die Rolle eines Wundergurus reduzieren und verweigert die Forderung nach Zeichen. Hätten die Menschen geglaubt, wenn Jesus vom Kreuz herabgestiegen wäre?

Das besondere Wort

spielregel
in dieser geschichte
spielst du mit
in dieser geschichte
spielt ihr mit
in dieser geschichte
spielt jeder mit

es gibt auch bei dir
hoch-zeit
tief-zeit

und auch dir oder euch beiden
wird schon mal der wein ausgehn

gerade dann
wenn ihr es am wenigsten vermutet
oder brauchen könnt

der wein
der freude
des glücks
der wein des vertrauens
und der täglichen zärtlichkeit
so sehr kann der wein ausgehn
dass man glaubt es geht nicht mehr

in solcher situation
ist diese geschichte
diese bezaubernde geschichte
eine wunderbare spielregel
und immer dann erinnert euch
an diese geschichte

wenn die krüge in eurem leben leer sind
wenn euer leben leer ist
dann tut
was er euch sagt
tut was zu tun ist
tut was ihr könnt
das einfachste von der welt

gebt was ihr habt –
nie sollen wir etwas halb tun
sondern ganz bis zum rand
sollen wir die leeren krüge füllen
mit dem was wir haben

vielleicht
mit unseren tränen
mit unseren ängsten
mit unserer traurigkeit

wer nicht an ein wunder glaubt
ist kein realist
ohne wunder geht kein leben
erst recht kein leben zu zweit
zu dritt
zu viert
[…]   Auszug aus dem Text von Wilhelm Willms

Schafft das hier weg!

Tempelaustreibung damals und heute
Johannes 2,13–22

Das Paschafest der Juden war nahe und Jesus zog nach Jerusalem hinauf. Im Tempel fand er die Verkäufer von Rindern, Schafen und Tauben und die Geldwechsler, die dort saßen. Er machte eine Geißel aus Stricken und trieb sie alle aus dem Tempel hinaus, dazu die Schafe und Rinder; das Geld der Wechsler schüttete er aus, und ihre Tische stieß er um. Zu den Taubenhändlern sagte er: Schafft das hier weg, macht das Haus meines Vaters nicht zu einer Markthalle! Seine Jünger erinnerten sich an das Wort der Schrift: Der Eifer für dein Haus verzehrt mich. Da stellten ihn die Juden zur Rede: Welches Zeichen lässt du uns sehen als Beweis, dass du dies tun darfst? Jesus antwortete ihnen: Reißt diesen Tempel nieder, in drei Tagen werde ich ihn wieder aufrichten. Da sagten die Juden: Sechsundvierzig Jahre wurde an diesem Tempel gebaut, und du willst ihn in drei Tagen wieder aufrichten? Er aber meinte den Tempel seines Leibes. Als er von den Toten auferstanden war, erinnerten sich seine Jünger, dass er dies gesagt hatte, und sie glaubten der Schrift und dem Wort, das Jesus gesprochen hatte.

Johannes 2,13–22

In Kana beseitigt Jesus bei der Hochzeit nicht nur eine Situation der Not, sondern wandelt sie sogar in Fülle und Übermaß um. Beim darauffolgenden Ereignis wird er sofort von der Realität wieder eingeholt. Jesus kommt zum Tempel von Jerusalem und erlebt, dass dieser seinen Reichtum und seine Einzigartigkeit, Ort der Gegenwart Gottes und der Begegnung zwischen Gott und Mensch zu sein, nicht mehr garantiert. Die Menschen haben daraus eine Räuberhöhle gemacht. Sie haben sozusagen aus dem von Gott reichlich geschenkten Wein wieder Wasser gemacht. Kein Wunder, dass Jesus eingreift.

Wisst ihr nicht, dass ihr Gottes Tempel seid und der Geist Gottes in euch wohnt? Ausgehend von diesem großen Bibelwort aus dem ersten Brief des Apostels Paulus an die Korinther wurde im Lauf der Geschichte immer wieder folgender Vergleich gewagt: Unser Leib ist der Tempel Gottes. Gott wohnt nirgends intensiver als im Menschen. Die beste Möglichkeit, Gott zu begegnen, ist mein menschliches Gegenüber. Jeder Mensch ist der Ort, wo Himmel und Erde sich berühren. Diese tiefgehenden Gedanken sind ausdrückliche Wertschätzung unseres gesamten Körpers mit seinen Sinnen, seiner Sexualität, Schönheit und auch Krankheit.

Wer diesen Vergleich des menschlichen Körpers mit dem Tempel Gottes im Blick hat, sieht das Hinauswerfen der Geldwechsler aus dem Jerusalemer Tempel mit neuen Augen. Es geht jetzt nicht so sehr um die Frage, wie Jesus im hoch bewachten Jerusalemer Tempel solche Aktionen starten konnte, ob Jesus die Emotionen durchgegangen sind oder ob er, der so viel von Liebe redet, hier nicht die eigene Friedensbotschaft verraten hat. Es tauchen vielmehr neue Fragen und Erkenntnisse auf: Was sind die Gefahren, dass unser Leib eine Markthalle wird und die Würde als Tempel Gottes verliert? Welche Kräfte sind es, die das Göttliche aus unserem Leib verdrängen? Im Blick auf den Jerusalemer Tempel ergeben sich besonders drei Gefahren.

Angefüllt wie eine Rumpelkammer

Zur Zeit Jesu war der Tempel von Jerusalem ein Umschlagplatz für alle möglichen Interessen. Zu diesem besonderen Ort kamen die Pilger aus dem ganzen Mittelmeerraum. An den Tischen der Geldwechsler im großen Vorplatz konnten sie die Opfergaben kaufen, dann im Inneren des Tempels beten und ihr Opfer darbringen. Hier trafen sich verschiedene jüdische Gruppen zum Diskutieren. Viele kamen einfach deswegen zum Tempel, weil sie unter Menschen sein wollten, ähnlich wie in den Bahnhöfen und Einkaufszentren der heutigen Zeit. Bei all dem Wirbel bestand die Gefahr, dass die eigentliche Mitte des Tempels übersehen wurde. Das Allerheiligste, ein leerer Raum im großen Tempelareal, wurde leicht vergessen, wenn ringsherum „die Hölle los ist".

Wir tun uns schwer, bei so viel Wichtigem ringsherum unsere eigene Mitte zu finden und nicht zu verlieren. Wenn Jesus viel Überflüssiges aus dem Tempel hinauswirft, will er zu mir sagen: „Mensch, setze Schwerpunkte, damit das Wesentliche nicht zu kurz kommt! Räume nicht nur deine Wohnung auf, sondern entsorge auch einiges aus dem Inneren deines Tempels! Sonst verlierst du nicht nur den Überblick, sondern auch den Kontakt zu dir selbst." Über Menschen, die überall herumschwirren und nicht in sich selbst verankert sind, meint Karl Valentin ganz treffend: „Ich gehe mich heute besuchen, mal schauen, ob ich daheim bin."

Geldsucht statt Suche nach Gott

Die Faszination des Geldes zeigt Parallelen bei den Geld-
wechslern im Jerusalemer Tempel und bei uns. Die Geldwechsler scheinen die Achtung vor dem heiligen Ort verloren und allzu sehr ihren Gewinn im Blickfeld zu haben.
Wenn es Geld bringt, dann dürfen ihre Tische ohne wei-
teres an den vordersten Plätzen des Tempels stehen, die
eigentlich der Vorbereitung auf Gott dienen sollen. Jesus
sieht diese Werteverschiebung, wirft die Tische um und
zeigt in einer unmissverständlichen Symbolhandlung seinen Ärger. Viele wundern sich darüber, dass Jesus hier so
schnell reagiert, wo er doch sonst viel Barmherzigkeit und
Nähe zu Sündern zeigt. Einzig selbstgerechte und harther-
zige Menschen kritisiert er in ähnlich harter Weise. Jesus
verliert hier nicht die Nerven, sondern will uns eindring-
lich mahnen, dass wir mit Geldgier und Neid keine faulen
Kompromisse schließen dürfen. Diese bekommen eine Ei-
gendynamik und nehmen uns ganz in den Bann. Die Angst,
dass jemand mehr besitzt, sitzt uns im Nacken. Neid frisst
Menschen regelrecht auf. Menschen fesseln sich selbst an
Besitz, Karriere oder an das Auto. *Wo dein Schatz ist, da ist
auch dein Herz,* sagt Jesus in der Bergpredigt.

Unterscheiden wir Menschen uns da wirklich von den Affen in folgender Erzählung? Jemand versuchte wilde Affen
zu fangen. Doch die Tiere waren zu schlau, sie holten sich
das Futter aus der Falle, entkamen aber immer im letzten
Moment. Was tun? Ein erfahrener Affenfänger wusste die
Lösung. Er legte Kokosnüsse in eine Kiste mit starken Ei-
sengittern, wissend, dass Affen diese sehr gerne fressen und
auch sofort riechen. Er stellte die Kiste vor sein Haus und
schnitt in das enge Gitter einige Löcher hinein, so groß,

dass die Affen mit ihrer Hand in die Kiste zu den Kokosnüssen hineinfahren konnten, aber zu klein, sie herauszuholen. Es dauerte nicht lange, bis die Affen kamen und mit ihren Händen in die Gitterkiste zu den geliebten Kokosnüssen hineinfuhren. Aber weil die Nüsse zu groß waren, brachten sie diese nicht heraus, so sehr sie auch zogen. Nun kamen die Affenfänger und hatten leichtes Spiel: Die Affen wollten die Kokosnüsse nicht loslassen und fesselten sich selbst an die Kiste.

Explosiv wie ein Pulverfass

Besonders an den hohen Feiertagen glich der Tempel Jerusalems einem Pulverfass. Bei der römischen Besatzungsmacht herrschte aus Angst vor Aufständen und Revolten Großalarm. Soldaten und Wachen standen an allen Ecken und Enden. Kurzschlusshandlungen und Verhaftungen ohne Grund waren eine Folge davon.

Leider kann der Tempel unseres Leibes auch so ein Pulverfass werden. Dies geschieht manchmal ganz unvermittelt, nicht selten an Feiertagen und im Urlaub. Wir reagieren in solchen Situationen auf jede Anfrage empfindlich und riechen hinter allem Betrug und Verrat. Jeder ist nervös und angespannt. Wie soll es hier zu Vertrauen kommen, wie zu Gottesbegegnung?

Jesus will nicht, dass unser menschlicher Leib zur Markthalle oder zu einem Pulverfass wird. Er möchte, dass er ein Haus Gottes ist, in dem Gottes Geist spürbar wird und wirken kann. Viele Menschen wünschen sich dies und erleben trotzdem das Gegenteil. So will das Evangelium der Tempelreinigung gerade in solchen Situationen Trost und frohe Botschaft sein. Es enthält die Zusage, dass Jesus auch unseren Tempel reinigen will. In einem Lebenshaus, das von Jesus gereinigt und vom Heiligen Geist bewohnt wird, ist ein guter Geist spürbar. Da ist gutes Wohnen möglich. Lass dich dort nieder!

Unser Leib bleibt auch dann ein Tempel Gottes, wenn er alt oder von Krankheiten geplagt wird. So soll noch ein Blick darauf geworfen werden, wie Jesus kranken Menschen und deren Lebenshaus begegnet.

Vergleich mit den anderen Evangelien: Dämonen und unreine Geister

Sie kamen an das andere Ufer des Sees, in das Gebiet von Gerasa. Als er aus dem Boot stieg, lief ihm ein Mann entgegen, der von einem unreinen Geist besessen war. Er kam von den Grabhöhlen, in denen er lebte. Man konnte ihn nicht bändigen, nicht einmal mit Fesseln. Schon oft hatte man ihn an Händen und Füßen gefesselt, aber er hatte die Ketten gesprengt und die Fesseln zerrissen; niemand konnte ihn bezwingen. Bei Tag und Nacht schrie er unaufhörlich in den Grabhöhlen und auf den Bergen und schlug sich mit Steinen. Als er Jesus von weitem sah, lief er zu ihm hin, warf sich vor ihm nieder und schrie laut: Was habe ich mit dir zu tun, Jesus, Sohn des höchsten Gottes? Ich beschwöre dich bei Gott, quäle mich nicht! Jesus hatte nämlich zu ihm gesagt: Verlass diesen Mann, du unreiner Geist! Jesus fragte ihn: Wie heißt du? Er antwortete: Mein Name ist Legion; denn wir sind viele. Und er flehte Jesus an, sie nicht aus dieser Gegend zu verbannen. Nun weidete dort an einem Berghang gerade eine große Schweineherde. Da baten ihn die Dämonen: Lass uns doch in die Schweine hineinfahren! Jesus erlaubte es ihnen. Darauf verließen die unreinen Geister den Menschen und fuhren in die Schweine, und die Herde stürzte sich den Abhang hinab in den See. Es waren etwa zweitausend Tiere und alle ertranken. Die Hirten flohen und erzählten alles in der Stadt und in den Dörfern. Darauf eilten die Leute herbei, um zu sehen, was geschehen war. Sie kamen zu Jesus und sahen bei ihm den Mann, der von der Legion Dämonen besessen gewesen war. Er saß ordentlich gekleidet da und war wieder bei Verstand.

Markus 5, 1–15

Die Bibel spricht ganz selbstverständlich von Dämonen und unreinen Geistern. Man stellte sich diese wie Hausbesetzer vor (vgl. Lukas 11,24–26), die durch Mund oder Ohren in das Lebenshaus eindringen und dort das Kommando übernehmen. Der Mensch ist dann nicht mehr Herr im eigenen Haus, andere unberechenbare Kräfte steuern alles. Das Leben steht kopf, wird durcheinandergebracht und hin und her geworfen. Man meinte, dass Dämonen wie Parasiten den Körper eines Menschen oder Tieres benützen, die Lebenskraft absaugen und als Folge die Gesundheit zerrütteln.

Diese Situation der Fremdbestimmung wird beim Besessenen von Gerasa sehr ausführlich beschrieben. *Mein Name ist Legion,* sagt er und unterstreicht damit, dass viele Stimmen in ihm herrschen. Er zerreißt seine Kleider, wohnt in Grabhöhlen, schreit unbeherrscht bei Tag und Nacht herum und schlägt sich selbst mit Steinen. So handelt kein gesunder Mensch. Wir erahnen das Ausgeliefertsein und das Elend dieses Mannes. Der Kontakt zu sich selbst und zur Umwelt ist völlig zerstört und abgebrochen. Nach der Heilung hat der Mann wieder ein natürliches Verhältnis zu sich selbst, zu seinem Körper und zur Umwelt. Er sitzt ordentlich gekleidet da und kann wieder mitten unter den Menschen leben, ohne sich selbst oder die anderen zu gefährden.

Wer im 21. Jahrhundert von Dämonen und unreinen Geistern redet, wird belächelt. Mit heutigem Wissen erkennen wir darin zunächst verschiedene Krankheitstypen wie psychische Störungen, Epilepsie, krankhaftes Getriebensein oder Schizophrenie. Die moderne Medizin hat zum Glück viel Erfahrung, solche Krankheiten zu erkennen und den Menschen richtig zu helfen. Viele Verbesserungen gelingen, leider gibt es aber auch viele Rückfälle. Auch ein gesunder Glaube ist keine Garantie dafür, dass „Dämonen" verschwinden und Menschen für immer geheilt werden. Jesus hat viele Menschen geheilt, aber nicht alle. Warum?

Trotz des großen Fortschrittes in der Medizin bleiben viele Fragen: Wie ist es möglich, dass Menschen den Kontakt zu sich selbst und zu den Mitmenschen verlieren? Wie kann es passieren, dass sich in einem Menschen plötzlich unberechenbare Abgründe auftun? Die noch größere Frage ergibt sich: Wie steht es mit den Heilungschancen? Wie können Ärzte und Theologen besser zusammenarbeiten, um Menschen zu helfen? Es wäre notwendig, wirklich Not wendend!

Das besondere Wort

Atme in mir, du Heiliger Geist, dass ich Heiliges denke.
Treibe mich, du Heiliger Geist, dass ich Heiliges tue.
Locke mich, du Heiliger Geist, dass ich Heiliges liebe.
Stärke mich, du Heiliger Geist, dass ich Heiliges bewahre.
Hüte mich, du Heiliger Geist, dass ich das Heilige niemals verliere.

Dem heiligen Augustinus zugeschrieben

Das Licht kam in die Welt

Jerusalemer Nachtgespräch mit Nikodemus
Johannes 3,1–21

Es war ein Pharisäer namens Nikodemus, ein führender Mann unter den Juden. Der suchte Jesus bei Nacht auf und sagte zu ihm: Rabbi, wir wissen, du bist ein Lehrer, der von Gott gekommen ist; denn niemand kann die Zeichen tun, die du tust, wenn nicht Gott mit ihm ist. Jesus antwortete ihm: Amen, amen, ich sage dir: Wenn jemand nicht von neuem geboren wird, kann er das Reich Gottes nicht sehen. Nikodemus entgegnete ihm: Wie kann ein Mensch, der schon alt ist, geboren werden? Er kann doch nicht in den Schoß seiner Mutter zurückkehren und ein zweites Mal geboren werden. Jesus antwortete: Amen, amen, ich sage dir: Wenn jemand nicht aus Wasser und Geist geboren wird, kann er nicht in das Reich Gottes kommen. Was aus dem Fleisch geboren ist, das ist Fleisch; was aber aus dem Geist geboren ist, das ist Geist. Wundere dich nicht, dass ich dir sagte: Ihr müsst von neuem geboren werden. Der Wind weht, wo er will; du hörst sein Brausen, weißt aber nicht, woher er kommt und wohin er geht. So ist es mit jedem, der aus dem Geist geboren ist. Nikodemus erwiderte ihm: Wie kann das geschehen? Jesus antwortete: Du bist der Lehrer Israels und verstehst das nicht? Amen, amen, ich sage dir: Was

wir wissen, davon reden wir, und was wir gesehen haben,
das bezeugen wir, und doch nehmt ihr unser Zeugnis nicht an.
Wenn ich zu euch über irdische Dinge gesprochen habe und
ihr nicht glaubt, wie werdet ihr glauben, wenn ich zu euch über
himmlische Dinge spreche? Und niemand ist in den Himmel
hinaufgestiegen außer dem, der vom Himmel herabgestiegen
ist: der Menschensohn.

Johannes 3,1–13

Das Johannesevangelium enthält mehrere lange Gespräche zwischen Jesus und suchenden Menschen. Musterhaft werden etwa in den Kapiteln 3 und 4 zwei Begegnungen geschildert, die beim Start unterschiedlicher nicht sein könnten und sich gerade deswegen auch ergänzen. Beide Gespräche bewegen sich auf mehreren Gesprächsebenen und wirken deshalb auf den ersten Blick unverständlich.

In Kapitel 3 kommt der Gelehrte Nikodemus, als Ratsherr ein Mann der religiösen Elite, zu Jesus. Die beiden treffen sich heimlich in der Nacht. Nikodemus redet Jesus sofort als Rabbi an und betont schon in den ersten Worten sein Wissen über ihn: *Rabbi, wir wissen, du bist ein Lehrer, der von Gott gekommen ist; denn niemand kann die Zeichen tun, die du tust, wenn nicht Gott mit ihm ist.* Jeweils eingeleitet mit den Worten *Amen, amen, ich sage dir* formuliert Jesus beim Gespräch sofort theologische Gedanken von einer neuen Geburt sowie der Geburt aus Wasser und Geist. Nikodemus nimmt diese Worte seines Gesprächspartners ganz wortwörtlich und schafft es zunächst nicht, die Quergedanken Jesu zu verstehen. Jesus verschont daraufhin den Gelehrten nicht und meint: *Du bist der Lehrer Israels und verstehst das nicht?* Als Kenner der großen biblischen Tradition müsste Nikodemus doch wissen, dass Jesu Worte nicht wortwörtlich, sondern viel tiefer zu deuten sind. Das

Gespräch schließt mit einem langen Monologteil Jesu (Johannes 3,14–21). Am Ende der Begegnung ist nicht ersichtlich, welch tiefgreifende Spuren diese nächtliche Stunde bei Nikodemus auslösen wird.

Im Gegensatz dazu schildert das vierte Kapitel sofort, welche Konsequenzen das Gespräch Jesu mit einer Samariterin am Jakobsbrunnen hinterlässt. Diese ist im Gegensatz zu Nikodemus eine einfache Frau, ihr Name wird nicht einmal erwähnt. Sie genießt bei ihren Mitmenschen kein großes Ansehen, da sie schon mehrere Beziehungen hinter sich hat. Ihr Gespräch mit Jesus findet mitten am Tag an einem Brunnen statt, also an einem Ort, zu dem täglich viele Menschen kommen. Zur Verwunderung der Frau beginnt Jesus selbst das Gespräch. Als Frau und Samariterin hätte sie es nie gewagt, einen jüdischen Mann anzusprechen.

Bei diesen beiden Gesprächen hat man zunächst den Eindruck, dass trotz bestem Willen alle aneinander vorbeireden. Erst am Ende wird sichtbar, wie Jesus die Gesprächspartner und somit auch uns zu tiefen Einsichten und zum Licht der Erkenntnis führt.

Nacht

Nikodemus kommt nachts zu Jesus. Das ist kein Zufall. Als Mitglied des Hohen Rates handelt er vorsichtig und will weder von seinen Kollegen noch von der Menge als Anhänger Jesu gesehen werden.

In der Sprache des Johannesevangeliums hat der ausdrückliche Hinweis auf die Nachtstunde auch einen tieferen symbolischen Grund. Sie wird zu einem Bild für die Lebenssituation des Nikodemus, in der manches dunkel zu sein scheint. Der suchende Ratsherr spürt seine innere

Dunkelheit, ahnt die besondere Bedeutung Jesu, stellt sich seiner Angst und sucht bei Jesus eine Lösung.

Die kommenden Handlungen des Nikodemus deuten darauf hin, dass er nach dem Jerusalemer Nachtgespräch erleuchtet zurückgekehrt ist. Wir werden im Johannesevangelium noch zweimal von ihm hören: Bei einem Streit im Hohen Rat beruft er sich auf das jüdische Gesetz und warnt davor, Jesus zu verurteilen, ohne ihn vorher zu verhören (Johannes 7,50–51). Nach dem Tod Jesu bringt Nikodemus eine Mischung aus Myrrhe und Aloe. Gemeinsam mit Josef von Arimathäa, ebenfalls ein heimlicher Jünger Jesu, wickelt er Jesus in Leinenbinden, salbt ihn und legt ihn ins Grab (Johannes 19,38–42). Noch ist Nacht, die tiefe Nacht des Todes und Grabes Jesu, aber wir spüren, dass Nikodemus bereits verwandelt ist. Das Licht Jesu hat ihn erleuchtet und lässt ihn nicht mehr los.

Die „Blitze des Karfreitags" (Bischof Reinhold Stecher) durchzucken beim Tod Jesu die Nacht und lassen schon den Ostermorgen aufleuchten. Vertreter verschiedener Gruppen stehen auch in der Nacht an der Seite Jesu: Nikodemus als Vertreter der religiösen jüdischen Elite ahnt, wer Jesus wirklich ist. Der römische Hauptmann, Teil der Besatzungsmacht, bekennt Jesus als Sohn Gottes. Johannes, einer der zwölf Apostel, harrt stellvertretend für die anderen beim Kreuz aus. Auch die Frauen, treue Vertreterinnen der einfachen Menschen, lassen sich in der Nacht nicht davon abbringen, die Lichtspuren Jesu zu suchen und ihnen zu folgen.

Sieben Jünger Jesu werden nach der Auferstehung Jesu den Sieg des Lichtes erfahren. Nach einer Nacht des erfolglosen Fischens steht Jesus im Morgengrauen am Ufer des Sees von Tiberias und führt sie ins Osterlicht (Johannes 21,1–14). Der Apostel Judas kann diese Bewegung von der Nacht zum Licht hin leider nicht miterleben. Beim letzten

Abendmahl geht er vorzeitig hinaus aus dem Abendmahlsaal. *Es war aber Nacht*, heißt es dabei ausdrücklich im Bibeltext (Johannes 13,30), um seine innere Nacht und Finsternis anzudeuten.

Ich bin das Licht der Welt

Und wie Mose die Schlange in der Wüste erhöht hat, so muss
der Menschensohn erhöht werden, damit jeder, der (an ihn)
glaubt, in ihm das ewige Leben hat. Denn Gott hat die Welt so
sehr geliebt, dass er seinen einzigen Sohn hingab, damit jeder,
der an ihn glaubt, nicht zugrunde geht, sondern das ewige Leben hat. Denn Gott hat seinen Sohn nicht in die Welt gesandt,
damit er die Welt richtet, sondern damit die Welt durch ihn
gerettet wird. Wer an ihn glaubt, wird nicht gerichtet; wer nicht
glaubt, ist schon gerichtet, weil er an den Namen des einzigen
Sohnes Gottes nicht geglaubt hat. Denn mit dem Gericht ver-
hält es sich so: Das Licht kam in die Welt, und die Menschen
liebten die Finsternis mehr als das Licht; denn ihre Taten waren
böse. Jeder, der Böses tut, hasst das Licht und kommt nicht zum
Licht, damit seine Taten nicht aufgedeckt werden. Wer aber die
Wahrheit tut, kommt zum Licht, damit offenbar wird, dass seine
Taten in Gott vollbracht sind.

Johannes 3,14–21

Jesus beendet das Gespräch mit Nikodemus mit einem langen Monolog, in dem die großen Themen ewiges Leben,
Glaube, Rettung, Gericht, Licht und Finsternis wie bei einem Kurzprotokoll sehr schnell aneinandergereiht sind
und deshalb nicht sofort in der ganzen Fülle verstanden
werden. Der Blick auf weitere Aussagen im ganzen Evangelium hilft, das Gemeinte besser zu verstehen. Dies soll hier
exemplarisch anhand des Themas Licht und Finsternis aufgezeigt werden.

Das Johannesevangelium öffnet uns den Blick auf das lichtreiche Wirken Jesu. Um zu zeigen, wie Jesus das Licht der Welt ist, holt Johannes bereits am Beginn seines Evangeliums weit aus: *In ihm war das Leben und das Leben war das Licht der Welt. Und das Licht leuchtet in der Finsternis und die Finsternis hat es nicht erfasst* (Johannes 1,4–5). Jesus ist mehr als eine Lampe (Johannes 5,35), er selbst unterstreicht seine weltweite Bedeutung mit eigenen Worten: *Ich bin das Licht der Welt. Wer mir nachfolgt, wird nicht in der Finsternis umhergehen, sondern wird das Licht des Lebens haben* (Johannes 8,12). Obwohl Jesus wie eine Kerze jeden finsteren Raum erleuchtet und stärker als jede Finsternis ist, will er deren Macht nicht verharmlosen. So bereitet er beim letzten Abendmahl die Jünger auf die kommende dunkle Zeit gezielt vor: *Nur noch kurze Zeit ist das Licht bei euch. Geht euren Weg, solange ihr das Licht habt, damit euch nicht die Finsternis überrascht. Wer in der Finsternis geht, weiß nicht, wohin er gerät* (Johannes 12,35).

Ein wichtiges Dokument des II. Vatikanischen Konzils trägt den Titel „Lumen gentium" (Licht der Völker). In den Vorbereitungsschritten zu diesem Dokument finden wir in den Aufzeichnungen des großen Theologen Karl Rahner SJ folgende Entwicklung: Zunächst schrieb er, die Kirche sei das Licht der Welt, dann ergänzte er, dass der Kirche Jesu Christi diese Aufgabe zukomme, zuletzt strich er in seinem Manuskript das Wort Kirche weg und schrieb: „Jesus Christus ist das Licht der Welt." Das ist keine Abwertung der Kirche, sondern eine Befreiung. Die Quelle des Lichtes ist Jesus Christus und nicht die Kirche. Als Kirche dürfen und sollen wir aus seinem Licht leben und es verbreiten. Das wirft ein ganz neues und tröstendes Licht auf jedes Leben. Es ist wahrlich eine frohe und entlastende Botschaft.

Dem Licht entgegengehen

In der katholischen Liturgie wird am Beginn der Osternacht die neue Osterkerze entzündet und anschließend mit
den Worten „Lumen Christi" in die dunklen Kirchen ge-
tragen. An der Osterkerze werden bei der Feier der Taufe
die Taufkerzen der Kindes entzündet und damit zum Ausdruck gebracht, dass wir als Kinder Gottes von Jesus das
Lebenslicht holen können, um zu leuchten und es an andere weiterzugeben.

All das übersetzt zeichenhaft die Worte des Johannesevangeliums in unsere Zeit: Wir Menschen können und
sollen deswegen ein Licht in der Welt sein, weil Jesus als das
größte Licht in die Welt gekommen ist. Wir können bei ihm
Licht und Feuer fassen und brauchen vor der Finsternis
dieser Welt keine Angst zu haben. Warum eine Taschen-
lampe verwenden, wenn Jesus wie die Ostersonne auch bis
in die tiefste Finsternis des Todes hineinleuchtet!

„Jesus als das Licht der Welt. Das ist ja gut und recht.
Aber was habe ich davon, wenn ich sein Licht nicht sehe
oder spüre?", fragen manche Menschen zu Recht. Nikodemus zeigt mit seinem Lebensbeispiel, dass wir uns für ein
erleuchtetes Leben auch auf die Suche machen müssen. Es
ist zu wenig, einfach zu warten oder über die Finsternis zu
klagen. Manchmal müssen wir sogar mitten in der Nacht
unseres Lebens aufbrechen, auch wenn die Schritte noch
zaghaft und vorsichtig sind.

Wir leben in einer Zeit, in der täglich hunderte Eindrü-
cke auf uns eindringen. Um von den vielen Gedanken und
Bildern nicht erschlagen zu werden, tut es gut, den Blick
immer wieder gezielt auf das Licht positiver Ereignisse zu
werfen. Es ist schlicht und einfach gesund, die Sonne zu suchen und sich nicht im halbdunklen Zimmer einzusperren.

So manche Menschen beenden den Tag nicht mit einem Lauf durch unzählige Fernsehprogramme, sondern mit dem Gebet Simeons: *Nun lässt du, Herr, deinen Knecht, wie du gesagt hast, in Frieden scheiden. Denn meine Augen haben das Heil gesehen, das du vor allen Völkern bereitet hast, ein Licht, das die Heiden erleuchtet und Herrlichkeit für dein Volk Israel* (Lukas 2,29–32).

Vergleich mit den anderen Evangelien

Vielen Christen sind folgende Worte aus der Bergpredigt vertraut: *Ihr seid das Licht der Welt. Eine Stadt, die auf einem Berg liegt, kann nicht verborgen bleiben. Man zündet auch nicht ein Licht an und stülpt ein Gefäß darüber, sondern man stellt es auf den Leuchter, dann leuchtet es allen im Haus* (Matthäus 5,14–15). Im Vergleich zur Bergpredigt kommt beim Gespräch Jesu mit Nikodemus der wichtige Gedanke hinzu, woher unser Licht kommt. Die Frage nach dem Licht unseres Lebens wird untrennbar mit Jesus in Verbindung gebracht. Es gibt keine Welt neben Jesus, alles steht mit Jesus in Verbindung. Sein Licht kam in die Welt und lässt sich Gott sei Dank nicht mehr ausblasen.

Das besondere Wort

Frohlocket, all ihr seligen Chöre der Engel,
frohlocket, ihr himmlischen Scharen,
lasset die Posaune erschallen,
preiset den Sieger, den erhabenen König
Lobsinge, du Erde, überstrahlt vom Glanz aus der Höhe!
Licht des großen Königs umleuchtet dich.

Siehe, geschwunden ist allerorten das Dunkel.

Auch du freue dich, Mutter Kirche,
umkleidet von Licht und herrlichem Glanze!
Töne wider, heilige Halle,
töne von des Volkes mächtigem Jubel. (…)

O wahrhaft selige Nacht,
die Himmel und Erde versöhnt,
die Gott und Menschen verbindet.

So bitten wir dich, o Herr:
Geweiht zum Ruhm deines Namens
leuchte die Kerze fort,
um in dieser Nacht das Dunkel zu vertreiben.

Nimm sie an als lieblich duftendes Opfer,
vermähle ihr Licht mit den Lichtern am Himmel.
Strahlend leuchte sie, bis der Morgenstern aufsteigt,
jener wahre Morgenstern, der in Ewigkeit nicht untergeht:
dein Sohn, unser Herr Jesus Christus,
der von den Toten auferstand,
der den Menschen erstrahlt in österlichem Licht;
der mit dir lebt und herrscht in Ewigkeit.

Aus dem Exsultet der Osternacht

Mein Wasser wird zur sprudelnden Quelle

Wahrheit und Würde am Jakobsbrunnen
Johannes 4,5–42

Jesus begeht beim Gespräch am Jakobsbrunnen gleich mehrere Tabubrüche: Zunächst ist ungewöhnlich, dass er nicht den Weg entlang des Jordantales, sondern durch Samarien wählt. Müde vom Gehen setzt er sich dort zur Mittagszeit an den Jakobsbrunnen. Erholung ist gut und recht, aber muss er am Brunnen wirklich ein Gespräch mit einer fremden Frau beginnen? Entsprechend reagieren seine Jünger und wundern sich über sein Verhalten. Dass Jesus selbst die Initiative zum Gespräch ergreift und als Jude mit einer samaritischen Frau spricht, grenzt an Provokation oder gedankenlose Leichtfertigkeit. Dieses Verhalten Jesu befremdet auch die Frau: *Wie kannst du als Jude mich, eine Samariterin, um Wasser bitten?* Nicht zuletzt hat Jesus eine Frau vor sich, die mit dem sechsten Mann zusammenlebt. Mit „so einer" redet Jesus und führt mit ihr ein theologisches Gespräch. Auch das war damals ungewöhnlich.

Es gelingt Jesus, mit seinem klaren und glaubwürdigen Auftreten so manche Verhärtungen und Vorurteile in der damaligen Gesellschaft aufzubrechen. Kein Wunder, dass

bei diesem Gespräch nicht nur die ganze Wahrheit, sondern Unerwartetes und Befreiendes herauskommen.

Herr, gib mir dieses Wasser

So kam Jesus zu einem Ort in Samarien, der Sychar hieß und
nahe bei dem Grundstück lag, das Jakob seinem Sohn Josef
vermacht hatte. Dort befand sich der Jakobsbrunnen. Jesus war
müde von der Reise und setzte sich daher an den Brunnen; es
war um die sechste Stunde. Da kam eine samaritische Frau, um
Wasser zu schöpfen. Jesus sagte zu ihr: Gib mir zu trinken! Seine Jünger waren nämlich in den Ort gegangen, um etwas zum
Essen zu kaufen. Die samaritische Frau sagte zu ihm: Wie kannst
du als Jude mich, eine Samariterin, um Wasser bitten? Die Juden
verkehren nämlich nicht mit den Samaritern. Jesus antwortete ihr:
Wenn du wüsstest, worin die Gabe Gottes besteht und wer es
ist, der zu dir sagt: Gib mir zu trinken!, dann hättest du ihn gebeten, und er hätte dir lebendiges Wasser gegeben. Sie sagte
zu ihm: Herr, du hast kein Schöpfgefäß, und der Brunnen ist tief;
woher hast du also das lebendige Wasser? Bist du etwa größer
als unser Vater Jakob, der uns den Brunnen gegeben und selbst
daraus getrunken hat, wie seine Söhne und seine Herden? Jesus antwortete ihr: Wer von diesem Wasser trinkt, wird wieder
Durst bekommen; wer aber von dem Wasser trinkt, das ich ihm
geben werde, wird niemals mehr Durst haben; vielmehr wird
das Wasser, das ich ihm gebe, in ihm zur sprudelnden Quelle
werden, deren Wasser ewiges Leben schenkt.
Da sagte die Frau zu ihm: Herr, gib mir dieses Wasser, damit
ich keinen Durst mehr habe und nicht mehr hierher kommen
muss, um Wasser zu schöpfen.

                                                Johannes 4,5–15

Das Gespräch Jesu mit der Samariterin startet mit der Bitte um Wasser. Darauf reagiert die Frau mit der verständli-

chen Rückfrage, warum er als Jude eine samaritische Frau um Wasser bittet. Merkwürdigerweise geht Jesus auf diese Frage nicht ein und redet sofort auf einer anderen Ebene vom lebendigen Wasser und davon, dass dies eine Gabe Gottes sei. Er beansprucht, dass einzig er den Durst nach wahrem Leben stillen kann. Kein Wunder, dass die Frau diese Worte nicht sofort versteht und zunächst ganz praktisch nach einem Schöpfgefäß fragt. Jesus setzt nochmals nach und betont seine Einzigartigkeit, indem er die Wirkung des Brunnenwassers und die Wirkung seiner Gabe gegenüberstellt: *Wer von diesem Wasser trinkt, wird wieder Durst bekommen; wer aber von dem Wasser trinkt, das ich ihm geben werde, wird niemals mehr Durst haben; vielmehr wird das Wasser, das ich ihm gebe, in ihm zur sprudelnden Quelle werden, deren Wasser ewiges Leben schenkt.* Jesus verspricht, dass seine Quelle jetzt schon in uns Menschen sprudeln kann. Eine Vertröstung auf später entspricht weder der Absicht Jesu noch dem Gedanken an ewiges Leben, das jetzt schon begonnen hat.

Ahnt die Frau nach diesen Worten, dass das Wasser aus dem Jakobsbrunnen und erst recht aus einer sprudelnden Quelle ein Sinnbild und Beweis dafür ist, dass Jesus allen Menschen die Gabe Gottes in verschwenderischer Fülle schenken kann? Spürt sie, dass diese Gabe etwas mit dem Geist Gottes zu tun hat, von dem Jesus in den anschließenden Worten sprechen wird? Auf jeden Fall ist sie so klug, um dieses Wasser zu bitten.

Bei der Begegnung am Jakobsbrunnen fällt mir oft eine tüchtige Bäuerin aus dem Tiroler Unterinntal ein. Die Worte Jesu von der sprudelnden Quelle zählen zu ihren Lieblingsworten aus der Bibel. Sie denkt dabei an die vielen Wasserquellen in Tirol und an Jesu Heilswirken bis heute. „Auch unsere menschlichen Kräfte versiegen nicht, wenn wir den Kontakt zur Quelle pflegen. Wie wir für das irdische Leben Wasser benötigen, so brauchen wir für das ewige Leben Jesus. Und beides ist uns reichlich geschenkt", meint die Bäuerin aus tiefster Überzeugung. Sie steht mit diesen Gedanken in der großen spirituellen Tradition des Volkes Israel.

Im Gegensatz zu Tirol kennt das gelobte Land Dürre und Trockenheit. Die Erfahrung, dass es nicht regnet und somit die Lebensgrundlagen fehlen, prägt dort seit Jahrtausenden das Leben der ländlichen Bevölkerung und führt manchmal zum Seufzer der Abhängigkeit und Verzweiflung, manchmal zum Gesang der Sehnsucht nach voller Lebenserfüllung. *Gott, du mein Gott, dich suche ich, meine Seele dürstet nach dir. Nach dir schmachtet mein Leib wie dürres, lechzendes Land ohne Wasser* (Psalm 63,2), spricht der Psalmbeter aus tiefster Not und Überzeugung. Er kennt wohl beides: den quälenden Durst einer spirituellen Trockenheit und die Erfahrung der Nähe Gottes als Befreiung von dieser Not.

Leben spendendes Wasser

Das Johannesevangelium schildert in Kapitel 7, wie Jesus im Rahmen des Laubhüttenfestes den Gedanken vom lebendigen Wasser nochmals aufgreift: *Am letzten Tag des Festes, dem großen Tag, stellte sich Jesus hin und rief: Wer Durst hat, komme zu mir, und es trinke, wer an mich glaubt. Wie die Schrift sagt: Aus seinem Inneren werden Ströme von lebendigem Wasser fließen. Damit meinte er den Geist, den alle empfangen sollten, die an ihn glaubten; denn der Geist war noch nicht gegeben, weil Jesus noch nicht verherrlicht war* (Johannes 7,37–39). Wichtiger Teil des Laubhüttenfestes war ein feierlicher Wasserritus, bei dem Priester Wasser aus der Gihonquelle holten und in festlicher Prozession zum Tempel trugen. Dort gossen sie das Wasser auf den Altar und beteten um den notwendigen Regen für die bevorstehende Regenzeit. Dieser Ritus unterstreicht die Wichtigkeit von Wasser und erinnert an die großen biblischen Verheißungen, in denen die Bedeutung des Tempels mit einer Wasserquelle verglichen wird. So schildert der Prophet Ezechiel in einer Vision, wie unter der Tempelschwelle Wasser herausströmt und nach Osten fließt. Der Fluss wird immer größer, an seinem Ufer wachsen Bäume, die ständig Frucht tragen. Zuletzt erreicht das Wasser das Tote Meer und bewirkt, dass das salzige Wasser gesund wird und wieder Fische darin leben (Ezechiel 47,1–12). Dass Jesus die Worte vom lebensnotwendigen Wasser im Rahmen des Laubhüttenfestes spricht, hilft uns, die Einzigartigkeit in seinem Anspruch noch besser zu verstehen: Nicht mehr der Tempel in Jerusalem, sondern er als Person öffnet die Türen zum Heil. Aus dem Tempel seines Leibes (Johannes 2,21) fließen Ströme lebendigen Wassers. Die tiefe Symbolik des Johannesevangeliums betont, dass im Moment des schmachvollen Todes aus der durchbohrten Seite Jesu Blut und Wasser fließen (Johannes 19,34). Derjenige, der in seiner Todesqual am Kreuz die Worte „mich dürstet" sagt, wird für die Glaubenden zu einer Quelle, die allen Durst nach Leben stillen kann.

Wie die Tiroler Bergquellen ununterbrochen fließen, so bietet Jesus nicht nur der Samariterin, sondern allen Menschen sein Leben spendendes Wasser an. Es geht darum, dass Jesu Wasser nicht an unserer harten Schale abprallt, sondern tiefer in uns eindringen kann. Dann werden wir an Leib und Seele erfrischt und gereinigt und so manche Verhärtung wird aufgeweicht.

Die ganze Wahrheit macht frei

Er sagte zu ihr: Geh, ruf deinen Mann, und komm wieder her!
Die Frau antwortete: Ich habe keinen Mann. Jesus sagte zu ihr:
Du hast richtig gesagt: Ich habe keinen Mann. Denn fünf Män-
ner hast du gehabt, und der, den du jetzt hast, ist nicht dein
Mann. Damit hast du die Wahrheit gesagt.

Johannes 4,16–18

Das Gespräch der Samariterin mit Jesus entwickelt sich
zu einem ehrlichen Blick in den „Brunnen des Lebens",
bei dem das Wasser ruhiger wird und jeder Mensch sein
Spiegelbild sieht. Die Samariterin wird immer mutiger
und muss sich nicht hinter Halbwahrheiten verstecken. Sie
merkt, dass Jesus ihre Verletzlichkeit und Sehnsucht kennt
und sie nicht öffentlich blamieren wird. So kann sie sofort
sagen, dass sie keinen Mann hat, und muss nicht lange um
den heißen Brei herumreden. Jesus wechselt in diesem Moment nicht die Gesprächsebene, sondern beschreibt nochmals die Situation der Frau und lobt sie abschließend, dass
sie die Wahrheit gesagt hat.

Die Zeitgenossen dürften auf eine andere Art reagiert
haben. Bei einer Frau mit vielen Männerbeziehungen ist
die Vorverurteilung schnell geschehen, ohne dass man mit
der betroffenen Person direkt gesprochen hat! Vielleicht
war sie aber eine Frau, die in ihrem Leben bereits fünfmal
von Männern verlassen wurde und unter dieser Kränkung
und Schmach litt. Im Blick auf die damalige Gesellschafts-
ordnung war es jedenfalls leichter, dass Männer ihre Frau
verlassen, als umgekehrt. Es fällt jedenfalls auf, dass die
Frau um die Mittagszeit zum Brunnen kommt. Hat sie die
Zeit der Mittagsruhe bewusst gewählt, um niemandem zu
begegnen, keinen Blicken ausgeliefert zu sein und so ihre
Außenseiterrolle nicht zu spüren?

Anbeten im Geist und in der Wahrheit

Die Frau sagte zu ihm: Herr, ich sehe, dass du ein Prophet bist. Unsere Väter haben auf diesem Berg Gott angebetet; ihr aber sagt, in Jerusalem sei die Stätte, wo man anbeten muss. Jesus sprach zu ihr: Glaube mir, Frau, die Stunde kommt, zu der ihr weder auf diesem Berg noch in Jerusalem den Vater anbeten werdet. Ihr betet an, was ihr nicht kennt, wir beten an, was wir kennen; denn das Heil kommt von den Juden. Aber die Stunde kommt, und sie ist schon da, zu der die wahren Beter den Vater anbeten werden im Geist und in der Wahrheit; denn so will der Vater angebetet werden. Gott ist Geist, und alle, die ihn anbeten, müssen im Geist und in der Wahrheit anbeten. Die Frau sagte zu ihm: Ich weiß, dass der Messias kommt, das ist: der Gesalbte (Christus). Wenn er kommt, wird er uns alles verkünden. Da sagte Jesus zu ihr: Ich bin es, ich, der mit dir spricht.

Johannes 4,19–26

Nach den Worten zur persönlichen Situation der Frau wechselt das Gesprächsthema zum klassischen Streitpunkt zwischen Juden und Samaritern: Ist der wahre Ort für die Anbetung Gottes der Berg Garizim oder die Stadt Jerusalem mit dem Tempel? Diese Diskussion hebt Jesus wiederum auf eine andere Ebene und relativiert damit die Frage des geographischen Ortes. Es geht darum, Gott *im Geist und in der Wahrheit anzubeten.* Jesus Nachfolgen heißt demnach, für den Geist Gottes offen zu sein und der Spur der Wahrheit zu folgen. Der Geist lässt sich nicht von Jesus trennen, sondern ganz im Gegenteil: Weil Jesus am Kreuz sterbend den Geist hingeben wird (Johannes 19,30), deshalb wird er selbst zur Quelle des Heiligen Geistes. Beim Gespräch mit Nikodemus hat Jesus diese notwendige Verbindung zwischen ihm und dem Geist mit den Worten ausgedrückt, dass wir aus Wasser und Geist neu geboren

werden (Johannes 3,5). Erst Jesus genügt zu einem voll-
kommenen Leben.

Der Weg der Wahrheit ist beim Gespräch Jesu mit der Samariterin sowohl Methode als auch Inhalt. Die wertschätzende Art Jesu verhilft der Frau, ehrlich zu sein und der
Wahrheit zu trauen. Jetzt spricht Jesus von der Chance,
Gott in der Wahrheit anzubeten. Darin bündelt sich ein
weiterer großer Gedankenschwerpunkt des Johannesevangeliums: Wahrheit ist dort nur in Zusammenhang mit Jesus Christus zu verstehen. *Die Gnade und Wahrheit kamen
durch Jesus Christus* (Johannes 1,17). Jesus verkündet in seinem Wirken diese Wahrheit (Johannes 8,40), mehr noch,
er ist *der Weg, die Wahrheit und das Leben* (Johannes 14,6).
Was Jesus in seinem irdischen Wirken begonnen hat, wird
der Geist nach seinem Tod fortführen: *Wenn aber jener
kommt, der Geist der Wahrheit, wird er euch in die ganze
Wahrheit führen* (Johannes 16,13). Das eröffnet für immer
neue Chancen. Die Wahrheit in Christus macht uns zu frei-
en Menschen und befreit von der Versklavung durch die
Sünde (Johannes 8,32–36). Es zahlt sich aus, diese großen
Zusagen immer neu zu meditieren und zu leben.

Würde zieht Kreise wie ein Stein im Wasser

Inzwischen waren seine Jünger zurückgekommen. Sie wunder-
ten sich, dass er mit einer Frau sprach, aber keiner sagte: Was
willst du?, oder: Was redest du mit ihr? Da ließ die Frau ihren
Wasserkrug stehen, eilte in den Ort und sagte zu den Leuten:
Kommt her, seht, da ist ein Mann, der mir alles gesagt hat,
was ich getan habe: Ist er vielleicht der Messias? Da liefen sie
hinaus aus dem Ort und gingen zu Jesus.
Viele Samariter aus jenem Ort kamen zum Glauben an Jesus
auf das Wort der Frau hin, die bezeugt hatte: Er hat mir alles

gesagt, was ich getan habe. Als die Samariter zu ihm kamen, baten sie ihn, bei ihnen zu bleiben; und er blieb dort zwei Tage. Und noch viel mehr Leute kamen zum Glauben an ihn aufgrund seiner eigenen Worte. Und zu der Frau sagten sie: Nicht mehr aufgrund deiner Aussage glauben wir, sondern weil wir ihn selbst gehört haben und nun wissen: Er ist wirklich der Retter der Welt.

Johannes 4,27–30.39–42

Schade, dass die meisten Menschen beim Lesen des Gesprächs Jesu mit der Frau am Jakobsbrunnen meist schon bei Vers 15 enden. Sie übersehen damit den großartigen Gesprächsverlauf. Der Glaube an Jesus zieht bei den Samaritern wie ein ins Wasser fallender Stein Kreise und bewirkt große Glaubensaussagen.

Ich habe mich oft gefragt, warum Jesus bei der Samariterin solche Spuren hinterlässt. Warum fühlt sie sich in dieser Mittagsstunde stärker angenommen als in vielen bisherigen Situationen? Ist es die Bitte um Wasser und damit die Erfahrung, gebraucht zu werden und jemandem etwas Gutes zu tun? Ist es die direkte Offenheit Jesu? Beeindruckt sie, dass Jesus alles von ihr weiß? Ahnt sie, dass Jesus mehr als ein einzigartiger Mensch ist und ausgerechnet mit ihr spricht?

Jesus schenkt der Samariterin mit seiner Bitte um Wasser und mit seinen ehrlichen Worten zu ihren Männerbeziehungen Würde. Sie ist davon so beeindruckt, dass sie nicht schweigen kann, sondern sofort in die Stadt eilt und dort begeistert erzählt: *Kommt her, seht, da ist ein Mann, der mir alles gesagt hat, was ich getan habe: Ist er vielleicht der Messias?* Die Bewohner von Sychar laufen auf ihre Worte hin zum Brunnen. Sie wollen Jesus sehen. Jesus verweilt auf ihre Bitte hin zwei Tage bei ihnen und ermöglicht dadurch, dass ihn alle Bewohner selbst erleben und ihr eigenes Urteil bilden können. Aufgrund der direkten Begegnung mit Jesus kommen noch mehr Menschen zum Glauben an ihn und betonen vor der Samariterin: *Nicht mehr aufgrund deiner Aussage glauben wir, sondern weil wir ihn selbst gehört haben.* Sie bringen ihre Überzeugung auf den Punkt: *Nun wissen wir: Er ist wirklich der Retter der Welt.* Im Gegensatz zu vielen Juden fordern sie keine Wundertaten und Zeichen.

Diese gelungene Wellenbewegung unterstreicht, dass der Weg zur Wahrheit am besten durch direkten Kontakt, durch ehrliches Fragen und wertschätzende Erlebnisse gelingt. Es ist besser, mit Menschen zu reden anstatt über sie. Das Gespräch zwischen Jesus und der Samariterin motiviert, der Wahrheit zu trauen und auch den Blick in den eigenen tiefen Brunnen zu wagen. Es ist eine große Zusage, dass Wahrheit frei macht und Schritt für Schritt auch manches auflöst, das uns im Magen liegt.

Vergleich mit den anderen Evangelien

Spielen im Alten Testament Begegnungen an verschiedenen Brunnen eine große Rolle, so werden in den drei synoptischen Evangelien keine Brunnenbegegnungen überliefert. Auch das Gespräch Jesu mit der Samariterin fehlt. Der Anspruch Jesu, das lebendige Wasser und die Wahrheit zu sein, kommt in der Sprache der anderen Evangelien nicht vor.

Lukas greift das angespannte Verhältnis zwischen den Juden und Samaritern mehrmals auf. Er schildert zweimal, dass Jesus den Weg durch Samarien wählt. Seine Jünger machen schlechte Erfahrungen mit deren Gastfreundschaft (Lukas 9,51–56). Jesus bricht die pauschale Verurteilung der Samariter auf und lobt deshalb ausdrücklich einen Samariter, der von zehn geheilten Aussätzigen als Einziger zurückgekehrt ist, um Gott zu loben (Lukas 17,11–19). Auch im Gleichnis vom barmherzigen Samariter (Lukas 10,25–37) wird ausgerechnet ein Samariter als positives Beispiel beschrieben. Er erweist sich aufmerksam und hilfsbereit.

Das besondere Wort

Quellen des Heils

Wie gut,
dass bereits im Paradies ein Strom entspringt,
der den Garten Eden bewässert und sich zu vier Hauptflüssen teilt.
Wie ermutigend,
dass manche Menschen einem bewässerten Garten gleichen,
einer Quelle, deren Wasser niemals versiegt.
Wie visionär,
dass aus dem Tempel Jerusalems reichlich Wasser fließt
und neues Leben und sogar Gesundheit schenkt.
Wie revolutionär,
dass uns Jesus ein Wasser schenkt,
das in uns zur sprudelnden Quelle wird,
deren Wasser ewiges Leben schenkt.

Herr, gib mir dieses Wasser!
Es hat eine ansteckende Gesundheit.

Willst du gesund werden?

Heilung des Gelähmten am Teich Betesda
Johannes 5,1–18

Einige Zeit später war ein Fest der Juden, und Jesus ging hinauf nach Jerusalem. In Jerusalem gibt es beim Schaftor einen Teich, zu dem fünf Säulenhallen gehören; dieser Teich heißt auf Hebräisch Betesda. In diesen Hallen lagen viele Kranke, darunter Blinde, Lahme und Verkrüppelte. Dort lag auch ein Mann, der schon achtunddreißig Jahre krank war. Als Jesus ihn dort liegen sah und erkannte, dass er schon lange krank war, fragte er ihn: Willst du gesund werden? Der Kranke antwortete ihm: Herr, ich habe keinen Menschen, der mich, sobald das Wasser aufwallt, in den Teich trägt. Während ich mich hinschleppe, steigt schon ein anderer vor mir hinein. Da sagte Jesus zu ihm: Steh auf, nimm deine Bahre und geh! Sofort wurde der Mann gesund, nahm seine Bahre und ging.

Johannes 5,1–9

Der Besuch der Annakirche und des anschließenden Teiches Betesda gehört zu Recht zum Programm vieler Jerusalempilger. Obwohl der Teich heute kein Wasser mehr enthält und die damaligen Säulenhallen und Gebäude der folgenden Jahrhunderte großteils zerfallen sind, erzählen die tiefen dicken Fundamente trotzdem eindrucksvoll von der besonderen Bedeutung des Teiches Betesda, der sich nördlich des großen Tempelareals befand. Er war durch eine Zwischenmauer in zwei große Wasserbecken aufgeteilt. Große Säulenhallen umgaben die vier Seiten der beiden Becken. Die Zwischenmauer bildete die fünfte Säulenhalle. In diesen Hallen versammelten sich die Kranken mit ihrem Leid, ihrer Verzweiflung, aber auch ihrer Hoffnung. Wir wissen, dass diese Kranken nicht auf die Kunst eines Arztes warteten, sondern auf die Heilkraft des Wassers hofften. Es ging darum, jederzeit startbereit zu sein und beim Aufwallen des Wassers möglichst schnell hineinzusteigen. Wer beweglich war oder gute Hilfen zur Seite hatte, war natürlich schneller und hatte somit größere Heilungschancen. Diese Situation zeigt eine Ungerechtigkeit von vielen, dass ausgerechnet die Benachteiligten nochmals Nachteile hatten.

Johannes berichtet in Kapitel 5, dass Jesus zu einem religiösen Fest nach Jerusalem kommt und im Rahmen dieses Festes auch den großen Wartesaal des Teiches Betesda betritt. Jesus sucht offenbar die Nähe der Kranken. Er ergreift die Initiative und spricht von sich her einen Mann an, der schon seit achtunddreißig Jahren gelähmt ist. Jesu Frage an den Kranken wirkt unvermittelt und zielgerichtet zugleich: *Willst du gesund werden?* Welcher Kranke möchte nicht gesund werden? Gleichzeitig wissen wir, dass die zermürbenden Erfahrungen von Krankheiten viele Menschen nicht nur bescheiden, sondern auch verbittert und hoffnungslos machen. Sie können schwer glauben, dass es in ihrem Leben nochmals aufwärts geht, geschweige denn, dass sie wieder ganz gesund werden. Jesu Frage wirkt deshalb auf den ersten Blick oberflächlich und zynisch. Sie kann die Wahrheit verdrängen und falsche Erwartungen wecken.

Was wäre wohl geschehen, wenn Jesus dem Gelähmten die Frage *Was soll ich dir tun?* gestellt hätte, die er an den blinden Bartimäus gerichtet hat. Die Antwort hätte vermutlich gelautet: „Bring mich sofort ins Wasserbecken, sobald das Wasser aufwallt." Jesus scheint hier andere Ziele zu haben. Er bietet andere Heilungsmethoden und ändert mit einem einzigen Satz ein ganzes Leben. Wie ist das zu erklären?

Heilung am Sabbat

Dieser Tag war aber ein Sabbat. Da sagten die Juden zu dem Geheilten: Es ist Sabbat, du darfst deine Bahre nicht tragen. Er erwiderte: Der Mann, der mich gesund gemacht hat, sagte zu mir: Nimm deine Bahre und geh! Sie fragten ihn: Wer ist das denn, der zu dir gesagt hat: Nimm deine Bahre und geh? Der Geheilte wusste aber nicht, wer es war. Jesus war nämlich weggegangen, weil sich dort eine große Menschenmenge angesammelt hatte. Später traf ihn Jesus im Tempel und sagte zu ihm: Jetzt bist du gesund; sündige nicht mehr, damit dir nicht noch Schlimmeres zustößt. Der Mann ging fort und teilte den Juden mit, dass es Jesus war, der ihn gesund gemacht hatte. Daraufhin verfolgten die Juden Jesus, weil er das an einem Sabbat getan hatte. Jesus aber entgegnete ihnen: Mein Vater ist noch immer am Werk und auch ich bin am Werk. Darum waren die Juden noch mehr darauf aus, ihn zu töten, weil er nicht nur den Sabbat brach, sondern auch Gott seinen Vater nannte und sich damit Gott gleichstellte.

Johannes 5,10–18

Der Blick auf alle Evangelien zeigt, dass Jesus mit Vorliebe am Sabbat heilt. Dies löst bei den Pharisäern und Schriftgelehrten nicht nur Verunsicherung, sondern großen Widerstand und sehr früh schon den Todesbeschluss aus. Warum ausgerechnet am Sabbat, warum nützt er nicht die anderen sechs Tage der Woche?

In den Heilungen Jesu kommt der wahre Sinn des Sabbats zum Ausdruck. Der Sabbat erinnert daran, dass Gott die Welt dazu erschaffen hat, dass sie Fülle erfährt und hundert Prozent der Möglichkeiten nützt. Es wäre zu wenig, wenn die Welt und Menschheit mitten in der Woche bei fünfzig Prozent stecken bleibt. Gott will die Vollendung des siebten Tages. Jesus sieht gerade in der Krankheit vieler Menschen, dass Möglichkeiten des Heils noch nicht genützt werden und damit Krankheit die Feier des Sabbats verhindert. In seiner Logik gibt es daher nichts Sinnvolleres, als gerade am Sabbat zu heilen und damit Menschen zur wahren Feier des Sabbats zu führen. Erst der geheilte Mensch ist am Ziel dessen, wie Gott ihn geplant hat. Dies führt zum Lobpreis Gottes für die ursprüngliche Würde des Menschen, dass alles sehr gut ist, wie es am Ende des Schöpfungsberichtes heißt (Genesis 1,31).

Die Pharisäer und Schriftgelehrten haben einen anderen Zugang zum Sabbat. Die strikte Einhaltung der Ruhe ist für sie gelebter Ausdruck der Gesetzestreue, Identität stiftendes Merkmal des Judentums und konkretes Zeichen der Dankbarkeit Gott gegenüber. Wer den Sabbat bricht, zeigt keine Dankbarkeit und gibt Gott nicht die Ehre. Wenn Jesus ausgerechnet am Sabbat heilt, dann bricht er ein wichtiges Gebot.

So ist es kein Zufall, dass Heilungen Jesu am Sabbat ein Nachspiel haben und zur Frage führen, wer Jesus wirklich ist. Schlussendlich gibt es nur zwei Möglichkeiten: Jesus kommt von Gott und handelt ganz neu im Namen seines Vaters oder er ist ein Betrüger und Scharlatan. Da sich die Pharisäer nicht vorstellen können, dass Jesus zu hundert Prozent im Namen Gottes handelt und z. B. auch Sünden vergeben kann, bleibt für sie nur die zweite Möglichkeit übrig.

Nach der Heilung des Gelähmten stellt Jesus diese zentralen Fragen nach seiner Identität in einen größeren Zusammenhang: *Mein Vater ist noch immer am Werk und auch ich bin am Werk.* Seine jüdischen Gesprächspartner verstehen den damit verbundenen Anspruch ganz genau, können es aber nicht als befreiende frohe Botschaft annehmen: *Darum waren die Juden noch mehr darauf aus, ihn zu töten, weil er nicht nur den Sabbat brach, sondern auch Gott seinen Vater nannte und sich damit Gott gleichstellte.* Trotzdem oder gerade deswegen versucht Jesus in seinen langen anschließenden Worten (Johannes 5,19–47), seine Gesprächspartner von seiner einzigartigen Verbindung zum Vater zu überzeugen. Im Blick auf das weitere Johannesevangelium scheint der Erfolg sehr gering zu sein.

Ist Gesundheit das Wichtigste?

Der Geheilte weiß zunächst nicht, wer ihm die Gesundheit geschenkt hat. Bei der Heilung des Blindgeborenen in Johannes 9 wird sich dasselbe wiederholen. Das zeigt, dass es Jesus nicht um eine „Show" oder seine eigene Anerkennung geht, sondern um das Heil des Menschen. Der Gelähmte und Jesus treffen sich später im Tempel. Wiederum sucht Jesus von sich aus den Kontakt und spricht ihn an: *Jetzt bist du gesund; sündige nicht mehr, damit dir nicht noch Schlimmeres zustößt.* Wir erkennen darin die Werthaltung Jesu. Jesus hat dem Mann die ersehnte Gesundheit geschenkt, das ist wichtig und ein großer Gewinn. Er macht ihn aber auch aufmerksam, dass die Gesundheit nicht das größte Gut ist. Viel wichtiger ist es, die Verbundenheit mit Gott zu pflegen und die Sünde zu meiden. Entsprechend ist nicht die Krankheit das größte Übel, sondern die Trennung von Gott.

Wir kennen alle den Neujahrswunsch: „Alles Gute fürs neue Jahr, Hauptsache Gesundheit. Das ist das Wichtigste!"

Eine erfahrene weise Frau kommentiert alljährlich diesen
Neujahrswunsch mit den Worten: „Es stimmt nicht, dass
Gesundheit das Wichtigste ist. Es gibt so viele gesunde Leute, die ihre Gesundheit nicht schätzen und nur egoistisch
mit sich selbst beschäftigt sind. Manche Kranke sind zu-
friedener und auch glücklicher. Wichtiger als Gesundheit
ist die Fähigkeit, mit den eigenen Kräften gut umzugehen
und mit den körperlichen Schwächen gelassen zu leben."

Vergleich mit den anderen Evangelien

Johannes schildert in Kapitel 5 und 9 die zwei Wunder am
Teich Betesda und am Teich Schiloach in Jerusalem. Beide
Heilungswunder geschehen am Sabbat und lösen deshalb
Ärger und Widerstand aus.

Die Heilung des Gelähmten am Teich Betesda weist viele Parallelen und Unterschiede zur Heilung des Gelähmten in Kafarnaum auf (Markus 2,1–12). Das Gemeinsame
und Trennende helfen, die Besonderheiten dieser beiden
Berichte noch klarer zu sehen. In beiden Fällen handelt es
sich um Gelähmte, die nach der Heilung ihre Bahre selbst
wegtragen und so ihre Heilung eindrucksvoll bezeugen.
Die Heilung geschieht durch ein wirkmächtiges Wort Jesu. Bringen in Kafarnaum vier Freunde den Gelähmten
zu Jesus, so fehlt dem Mann in Jerusalem jede Hilfe von
Freunden oder Verwandten. Ergreifen diese vier Freunde
die Initiative und wagen es sogar, das Dach aufzubrechen,
so ist der Gelähmte von Jerusalem dem Wohlwollen eines
Fremden ausgeliefert. Er kann nur warten. In Jerusalem
geschieht die Heilung sofort, in Kafarnaum weist Jesus zunächst darauf hin, dass eine körperliche Heilung auch see-
lisches Heilwerden voraussetzt.

Die Heilungen lösen verschiedene Reaktionen aus. Von Kafarnaum hören wir, dass alle außer sich geraten, Gott preisen und ausdrücklich betonen: *So etwas haben wir noch nie gesehen.* Ob auch die Schriftgelehrten in diesen Jubel einstimmten, mag wohl bezweifelt werden. In Jerusalem scheinen die Gesetzeshüter unter den Juden die Mehrheit zu bilden. Nicht so sehr die Freude über eine Heilung bewegt die Massen, sondern einzig die Frage, warum Jesus ausgerechnet am Sabbat heilt.

Das besondere Wort

Heil und Erlösung

Erlöser
mein Erlöser
dein Erlöser
unser Erlöser

erlöst
von Krankheit
von einer belastenden Situation
von Ängsten und Sorgen

gelöst
für neue Schritte
für neue Begegnungen
für die Zukunft

Heiland
heile
schenke Heil

Ich bin das Brot des Lebens

Erstes Zeichen am See von Galiläa
Johannes 6,1–15.48–59

In Kana hat Jesus bereits zwei Zeichen bewirkt: die Weinvermehrung bei einer Hochzeit und die Heilung des Sohnes des königlichen Beamten (Johannes 2,1–11; 4,43–54). Jetzt in Johannes 6 folgen mit der wunderbaren Speisung der Fünftausend und dem Gang Jesu über das Wasser zwei Zeichen am See von Galiläa. Am Tag danach kommt Jesus in die Synagoge von Kafarnaum und erklärt dort dem Volk, dass er das wahre Brot des Lebens sei. Diese Worte stiften Verwirrung und Unverständnis, sogar viele Jünger wenden sich von Jesus ab.

Da im Johannesevangelium bei der Schilderung des letzten Abendmahles die Worte über Brot und Wein fehlen, bekommen seine Gedanken zum Brot des Lebens eine zusätzliche Bedeutung. Ist damit bereits das Geschenk der Eucharistie angedeutet?

Brot in Fülle

Danach ging Jesus an das andere Ufer des Sees von Galiläa, der auch See von Tiberias heißt. Eine große Menschenmenge folgte ihm, weil sie die Zeichen sahen, die er an den Kranken tat. Jesus stieg auf den Berg und setzte sich dort mit seinen Jüngern nieder. Das Pascha, das Fest der Juden, war nahe. Als Jesus aufblickte und sah, dass so viele Menschen zu ihm kamen, fragte er Philippus: Wo sollen wir Brot kaufen, damit diese Leute zu essen haben? Das sagte er aber nur, um ihn auf die Probe zu stellen; denn er selbst wusste, was er tun wollte. Philippus antwortete ihm: Brot für zweihundert Denare reicht nicht aus, wenn jeder von ihnen auch nur ein kleines Stück bekommen soll. Einer seiner Jünger, Andreas, der Bruder des Simon Petrus, sagte zu ihm: Hier ist ein kleiner Junge, der hat fünf Gerstenbrote und zwei Fische; doch was ist das für so viele! Jesus sagte: Lasst die Leute sich setzen! Es gab dort nämlich viel Gras. Da setzten sie sich; es waren etwa fünftausend Männer. Dann nahm Jesus die Brote, sprach das Dankgebet und teilte an die Leute aus, so viel sie wollten; ebenso machte er es mit den Fischen. Als die Menge satt war, sagte er zu seinen Jüngern: Sammelt die übriggebliebenen Brotstücke, damit nichts verdirbt. Sie sammelten und füllten zwölf Körbe mit den Stücken, die von den fünf Gerstenbroten nach dem Essen übrig waren. Als die Menschen das Zeichen sahen, das er getan hatte, sagten sie: Das ist wirklich der Prophet, der in die Welt kommen soll. Da erkannte Jesus, dass sie kommen würden, um ihn in ihre Gewalt zu bringen und zum König zu machen. Daher zog er sich wieder auf den Berg zurück, er allein.

Johannes 6,1–15

Der Evangelist Johannes lokalisiert die Speisung der Menschenmenge bewusst auf einen Berg. Die Formulierung *Jesus stieg auf den Berg und setzte sich dort mit seinen Jüngern nieder* erinnert an den Beginn der Bergpredigt. Dort begibt sich Jesus auf einen Berg, versammelt die Jünger ganz nahe um sich und lehrt sitzend die Volksmenge. Predigen im Sitzen betont im Orient die Feierlichkeit und Wichtigkeit einer Botschaft. Bei der Bergpredigt verteilt Jesus heilsame Worte als Nahrung für die Seele, hier reicht er den Menschen Brot für den Hunger des Leibes.

Der Hinweis auf das kommende Paschafest ist nicht nur als Zeitangabe zu verstehen, sondern mehr noch als Deutungsschlüssel für das kommende Ereignis. In Jesus wird das Paschafest, bei dem das Volk Israel an den Auszug aus Ägypten und den Zug durch die Wüste Sinai denkt, aktualisiert und mit neuem Inhalt gefüllt. Aß das Volk damals Manna in der Wüste, so verteilt Jesus jetzt Brot in Fülle und spricht vom himmlischen Manna.

Johannes berichtet in Kapitel 3, dass Jesus ein Jahr vorher beim Paschafest in Jerusalem war, dort Nikodemus zu einem nächtlichen Gespräch traf und Gedanken des Festgeheimnisses auf sein eigenes Wirken übertrug. Hatte Mose in der Wüste eine eherne Schlange aufgestellt, um die Menschen vor den Schlangenbissen der Wüste zu schützen, so ist es bald das Kreuz Jesu, dessen Anblick Heil und Rettung in den Gefahren des Lebens garantiert. Ein Jahr später wird Jesus zum Zeitpunkt des Paschafestes in Jerusalem sterben.

Bereits die Hinführung mit dem feierlichen Sich-Setzen am Berg und der Verbindung zum Paschafest deutet an, dass nun etwas Besonderes passieren wird. Trotzdem fällt das kommende Zeichen nicht wie ein Blitz vom Himmel, sondern gelingt erst durch die Hilfe vieler: Jesus bittet Philippus, Essen für die große Menschenmenge zu besorgen. Der ratlose Philippus geht zu Andreas. Dieser schlägt vor, einen Jungen um seine fünf Gerstenbrote und zwei Fische zu bitten. Der Bub stellt seine Gaben zur Verfügung. Jesus veranlasst daraufhin, dass sich die Menschen ins Gras setzen. Er will ihnen ein festliches Essen bereiten und nicht nur einen kleinen Bissen nebenbei reichen. Dann nimmt Jesus die Brote und Fische, spricht das Dankgebet und teilt selbst Brot und Fisch an alle aus. Beim Einsammeln helfen die Jünger mit und sammeln zwölf Körbe ein. Diese Anzahl erinnert an die zwölf Stämme Israels.

Aus dem kleinen Beitrag eines Buben ist Nahrung im Überfluss geworden. Dass Jesus mehr als genug schenkt, wurde im Johannesevangelium bereits bei der Hochzeit zu Kana durch die sechshundert Liter Wein und beim Gespräch mit der Samariterin durch die immer sprudelnde Quelle aufgezeigt. Jesus garantiert Leben in Fülle (Johannes 10,10). Der Bibeltext erwähnt ausdrücklich, dass Jesus selbst Brot und Fisch an alle verteilt. Das ist bei fünftausend Menschen zeitlich gesehen schwer vorstellbar, da die Bedienung wohl mehrere Stunden gedauert hätte. Deshalb unterstreicht diese Information wohl in erster Linie, dass Jesus mehr als genug schenkt und sich dabei noch jedem Menschen einzeln zuwendet. Er bietet nicht nur Quantität, sondern auch Qualität.

Erfolg und unerfüllbare Erwartungen

Nach der Speisung der Menschenmenge herrscht großes Staunen. Menschen sind Jesus nachgefolgt, weil sie seine bisherigen Zeichen sahen oder wenigstens davon hörten. Die Kunde über die wunderbare Speisung wird sich wie ein Lauffeuer verbreiten und erneut Menschen anlocken. Die Menschen drücken ihre hohe Einschätzung über Jesus in den Worten aus: *Das ist wirklich der Prophet, der in die Welt kommen soll.* Meinen sie damit den endzeitlich verstandenen Propheten, den bereits Mose als die Erfüllung der Heilsgeschichte angedeutet hatte? *Einen Prophe-*

ten wie mich wird dir der Herr, dein Gott, aus deiner Mitte, unter deinen Brüdern, erstehen lassen (Deuteronomium 18,15).

Der Bibeltext deutet an, dass die Menschenmenge sehr wohl die Einzigartigkeit Jesu erahnt, aber daraus nicht die nötigen Konsequenzen zieht. Sie möchte die wundersamen Fähigkeiten Jesu für Gratisessen und Schnellimbisse nützen. Jesus soll ihr König werden und Brot und Spiele garantieren. Sie möchte durch Jesus ihren leiblichen Hunger stillen, aber nicht tiefer nachdenken und nach Nahrung für ihre hungernde Seele suchen. Jesus ist für solche Zwecke nicht in die Welt gekommen, er zieht sich in die Berge zurück.

Vor zweitausend Jahren freute sich die Menschenmenge über die wunderbare Speisung und lief Jesus nach. Sie schaffte es aber nicht, Jesus aus innerstem Herzen nachzufolgen, sein Heilsangebot zu sehen und zu fragen, was Jesus von ihnen erwartet.

Wie steht es damit heute, mitten in unserer modernen Welt? Welche Sehnsüchte beschäftigen die Menschen? Bringen Menschen die Erfüllung ihrer Sehnsucht mit Jesus in Verbindung? Wenn ja, was erwarten sie von Jesus?

Wie reagieren wir, wenn Gott unsere Erwartungen nicht erfüllt? Lassen wir uns schnell ablenken oder schimpfen über Fehler der Kirche und nützen dann die großen Schätze der Sakramente und der Bibel nicht mehr?

Brotrede in der Synagoge von Kafarnaum

Ich bin das Brot des Lebens. Eure Väter haben in der Wüste das Manna gegessen und sind gestorben. So aber ist es mit dem Brot, das vom Himmel herabkommt: Wenn jemand davon isst, wird er nicht sterben. Ich bin das lebendige Brot, das vom Himmel herabgekommen ist. Wer von diesem Brot isst, wird in Ewigkeit leben. Das Brot, das ich geben werde, ist mein Fleisch, (ich gebe es hin) für das Leben der Welt. Da stritten sich die Juden und sagten: Wie kann er uns sein Fleisch zu essen geben? Jesus sagte zu ihnen: Amen, amen, das sage ich euch: Wenn ihr das Fleisch des Menschensohnes nicht esst und sein Blut nicht trinkt, habt ihr das Leben nicht in euch. Wer mein Fleisch isst und mein Blut trinkt, hat das ewige Leben, und ich werde ihn auferwecken am Letzten Tag. Denn mein Fleisch ist wirklich eine Speise, und mein Blut ist wirklich ein Trank. Wer mein Fleisch isst und mein Blut trinkt, der bleibt in mir, und ich bleibe in ihm. Wie mich der lebendige Vater gesandt hat und wie ich durch den Vater lebe, so wird jeder, der mich isst, durch mich leben. Dies ist das Brot, das vom Himmel herabgekommen ist. Mit ihm ist es nicht wie mit dem Brot, das die Väter gegessen haben; sie sind gestorben. Wer aber dieses Brot isst, wird leben in Ewigkeit. Diese Worte sprach Jesus, als er in der Synagoge von Kafarnaum lehrte.

Johannes 6,48–59

Erfolg und Misserfolg sind oft ganz nahe beieinander. Johannes 6 beschreibt zunächst eine Erfolgsgeschichte: Hungrige Menschen bekommen Nahrung in Fülle und suchen am Tag darauf wieder Jesu Nähe. Doch in Kafarnaum gerät der Applaus bald ins Wanken, da sich Jesus nicht zum Wunschautomaten reduzieren lässt. Er beansprucht mehr zu sein als eine Mahlzeit, die nur für einige Stunden reicht. Aber wer kann davon satt werden?

Das Gespräch in der Synagoge von Kafarnaum wird meist als Brotrede bezeichnet. Diese stellt nicht einen reinen Monolog Jesu dar, sondern wird mehrfach von Fragen und Rückmeldungen der Menschen unterbrochen. Im ersten Teil wenden sich die Gesprächspartner mit Fragen direkt an Jesus (Johannes 6,25–40). Im zweiten Teil stockt der Dialog. Menschen reden nicht mehr mit Jesus, sondern nur mehr über ihn. Sie murren über Jesus (Johannes 6,41) und streiten miteinander, ohne ihre Frage an Jesus zu richten: *Wie kann er uns sein Fleisch zu essen geben?* (Johannes 6,52). Auch hier greift Jesus die Erwartungen und Fragen auf und bemüht sich, die Menschen zum wahren Verständnis seiner Botschaft zu führen.

Es ist kaum möglich, die Brotrede sofort zu verstehen, sie auswendig zu lernen oder in eigenen Worten zu wiederholen. Man muss diese Rede wie Vollkornbrot lange und oft kauen.

Um die Gedanken Jesu zu erfassen, soll hier ein Blick auf die Worte „Brot", „Fleisch und Blut" und „Leben" genügen. Diese drei Ausdrücke kommen im Text häufig vor und scheinen nicht nur ein Schlüssel zum Text, sondern sogar zur Begegnung mit Jesus Christus zu sein.

Brot

Die Worte vom Brot stellen den roten Faden des gesamten Gesprächs dar. Es geht hier um das Grundnahrungsmittel Brot und gleichzeitig um mehr, um das Brot, das vom Himmel herabgekommen ist und das Jesus geben wird. Brot ermöglicht Sättigung, Stärkung und durch praktiziertes Teilen auch Gemeinschaft. Wie man ohne Brot nicht am Leben bleiben kann, so kann niemand ohne Jesus das ewige Leben finden. Im griechischen Text heißt es wörtlich: „Ich bin das lebende Brot" (Johannes 6,51). Diese Formulierung weist auf den Auferstandenen hin, der lebend bis in unsere Zeit weiterwirkt.

Fleisch und Blut

Jesu Fleisch zu essen und sein Blut zu trinken hat nichts
mit Kannibalismus zu tun. Fleisch meint den irdisch sterb-
lichen Jesus. *Und das Wort ist Fleisch geworden*, heißt es
schon am Beginn des Johannesevangeliums. Der Ausdruck
Blut kommt bei Johannes neben der Brotrede nur in Johannes 19,34 vor. Dort wird berichtet, dass nach dem Tod Jesu
aus seiner Seite *Blut und Wasser* herausfließen. Blut ist auch
dort Inbegriff für Lebenskraft und Lebensfähigkeit und hat
nichts mit Opferblut zu tun.

Somit ist klar: Es geht Jesus darum, ihn als Lebensnah-
rung aufzunehmen, und zwar den ganzen Jesus, von seinem
irdischen Leben bis zu seinem Tod und seiner Auferstehung. Dies scheint nicht nebenbei zu gehen. Deshalb lädt
Jesus ausdrücklich ein, seine Worte und sein Lebenswerk
meditierend zu kauen (Johannes 6,56 wörtlich: Fleisch kau-
en). Wenn wir Jesu Leben immer wieder durchkauen, dann
erhalten wir die stärkste Nahrung für Leib und Seele. Dann
haben wir aber auch so manches zum Kauen.

Leben

Der Abschnitt Johannes 6,51–58 hat einen klaren Erzähl-
rahmen durch zwei fast gleichlautende Sätze am Beginn
und am Ende: *Wer von diesem Brot isst, wird in Ewigkeit
leben. Wer aber dieses Brot isst, wird leben in Ewigkeit.* Diese Sätze betonen die enge Verbindung zwischen Jesus und
dem ewigen Leben. Jesus ermöglicht mit seinem Brot nicht
nur irgendein Dahinvegetieren, sondern Leben in Ewigkeit.
Ohne ihn ist dies nicht möglich.

Leben ist für Jesus nicht etwas Abstraktes, sondern nur

in Beziehung möglich. Jesus betont, dass er selbst nicht allein leben kann, sondern erst *durch den Vater lebt.* Jesus will dieses Geschenk des Vaters an uns Menschen weitergeben: *Wie mich der lebendige Vater gesandt hat und wie ich durch den Vater lebe, so wird jeder, der mich isst, durch mich leben.* Dieses Leben in Fülle ist nicht bloß eine Verheißung oder sogar Vertröstung aufs Jenseits, sondern bereits in Kafarnaum und für uns heute erfahrbare Wirklichkeit.

Trotz zum Himmel schreiender Armut in der Welt werden täglich viele Tonnen Brot weggeworfen. Allein in Österreich könnte man damit den Brotbedarf der Stadt Graz abdecken. Ohne Zweifel prägt die Mentalität der Wegwerfgesellschaft unser Denken und Handeln. Ich frage mich oft, welche Chance mitten in dieser Schnelllebigkeit die Sehnsucht nach dem Ewigen hat. Bewirkt die Erfüllung körperlicher Bedürfnisse ein Offenwerden für den Glauben oder verstellt das Gefühl der Sättigung manchmal sogar den Blick auf das, worum es wirklich geht?

Etwas, das ich lange kauen muss, hat meist einen intensiveren Geschmack. Das Gipfelerlebnis nach einem anstrengenden Anstieg unterscheidet sich völlig von einer schnellen Auffahrt mit der Seilbahn. Wie kann der Wert und die Erfahrung solcher Erlebnisse gefördert werden? Wie kann Jesus, das Brot des Lebens, heute Glauben finden?

Vergleich mit den anderen Evangelien

Johannes verknüpft die Speisung der Menschenmenge eng mit der Brotrede, in der Jesus den tieferen Sinn des Zeichens deutet. Auch Markus, Matthäus und Lukas berichten von einer großen Speisung tausender Menschen. Bei ihnen finden wir unmittelbar nachher keine Deutung des Ereignisses, sondern erst später beim letzten Abendmahl und bei der Begegnung des Auferstandenen mit den Emmausjüngern (nur Lukas). Jesu Handeln wird dreimal mit denselben Formulierungen ausgedrückt: *Jesus nahm das Brot, sprach den Lobpreis, brach das Brot und gab es ihnen.* Diese Parallelen verknüpfen alle drei Mahlsituationen und zeigen somit, dass es Jesus bereits bei der wunderbaren Speisung um mehr als bloße Sättigung ging. Der Hunger nach Sättigung für Leib und Seele wird durch die Eucharistie und die Begegnung mit dem Auferstandenen gestillt.

Das besondere Wort

Tischgebet

Jesus, du hast die Menschen gerne eingeladen
und dich mit ihnen zusammengesetzt.
Mit deinen Jüngern hast du Mahl gehalten
und ihnen zu essen und zu trinken gegeben.
Komm jetzt auch zu uns!
Und sei bei unserem gemeinsamen Mahl
Gast und Gastgeber.
Herr, wir danken dir für deine Güte und
Menschenfreundlichkeit.
Amen.

Ich bin es, fürchtet euch nicht!

Gottesbegegnung in stürmischen Zeiten
Johannes 6,16–21

Als es aber spät geworden war, gingen seine Jünger zum
See hinab, bestiegen ein Boot und fuhren über den See, auf
Kafarnaum zu. Es war schon dunkel geworden, und Jesus war
noch nicht zu ihnen gekommen. Da wurde der See durch einen
heftigen Sturm aufgewühlt. Als sie etwa fünfundzwanzig oder
dreißig Stadien gefahren waren, sahen sie, wie Jesus über den
See ging und sich dem Boot näherte; und sie fürchteten sich.
Er aber rief ihnen zu: Ich bin es; fürchtet euch nicht! Sie wollten
ihn zu sich in das Boot nehmen, aber schon war das Boot am
Ufer, das sie erreichen wollten.

Johannes 6,16–21

Bereits am Beginn dieser kurzen Erzählung wird klar, dass
an diesem Abend nicht nur am See von Galiläa, sondern
auch im Leben der Jünger heftige Stürme aufziehen. Jesus
hat sich nach der Speisung der Menschenmenge den falschen Erwartungen der Menschen entzogen und die Jünger
mit den vielen Menschen allein zurückgelassen. Sie haben
keine Ahnung, wann und ob Jesus zu ihnen kommt. Es
wird dunkel und nicht nur das Tageslicht, sondern auch die

Sicherheit der Jünger schwinden. Trotz Finsternis starten die erfahrenen Fischer und fahren mit dem Schiff Richtung Kafarnaum. Und sie fragen sich umso mehr, wo Jesus bleibt. Zusätzlich zu all dem zieht ein heftiger Sturm auf. Und plötzlich sehen die Jünger, wie Jesus über das Wasser schwebt und ihnen entgegenkommt. Wer würde sich da nicht fürchten und alle möglichen Angstphantasien entwickeln? Mitten in dieser unheimlichen Nacht hören wir kein Wort der sprachlosen Jünger, wohl aber die kräftige Stimme Jesu: *Ich bin es; fürchtet euch nicht!* Der kurze Bibelbericht endet mit einer letzten Überraschung: Die Jünger wollen Jesus zu sich ins Boot nehmen, aber all das ist nicht mehr notwendig, da sie bereits am anderen Ufer angekommen sind.

Beim Meditieren dieser Zeilen frage ich mich oft: Was dachten sich die Jünger bei den Worten Jesu: *Ich bin es; fürchtet euch nicht!*? Haben sie Jesus in ihrer Angst überhaupt gehört? Ging es ihnen dabei ähnlich wie einem Kind, das zuvor allein war und ängstlich weinte, jetzt aber die beruhigende Stimme der Mutter vernimmt und sich wieder sicher fühlt? Gaben ihnen diese Worte die Gewissheit, dass nicht ein Gespenst, sondern wirklich Jesus vor ihnen ist? Haben sie die Worte sogar umfassender verstanden und bereits den tieferen Sinn gespürt, den das Johannesevangelium zum Ausdruck bringen will?

Der kurze Bericht vom Gang Jesu über das Wasser erinnert an so manche Gottesbegegnung im Alten Testament. Die Worte Jesu *Ich bin es; fürchtet euch nicht!* bilden den Schlüssel, um diese Verbindungen zu erkennen. So soll hier ein ausführlicher Blick auf alle „Ich-bin-Worte" Jesu im Johannesevangelium und auf den wiederholten Zuruf, sich nicht zu fürchten, gewagt werden. Dann werden die tiefen

Aussagen über Jesus und auch der Absolutheitsanspruch dieser Worte noch klarer leuchten.

„Ich-bin-Worte" und „Ich-bin-Bildworte" Jesu

Ich bin es: Diese Worte Jesu stellen im Johannesevangelium nicht nur eine einfache grammatikalische Satzformel dar, sondern wollen Größeres ausdrücken. Sie erinnern an so manche einzigartige Selbstoffenbarung Gottes im Alten Testament und bilden dadurch ein leuchtendes Sternennetz von Aussagen über Jesus. Am brennenden Dornbusch zeigte sich Gott dem Mose als der *„Ich bin der Ich-bin-da"* (Exodus 3,14). Beim Propheten Jesaja bezeichnet sich Gott in ähnlichen Worten als einziger Gott und als Retter der Welt: *Ihr seid meine Zeugen – Spruch des Herrn – und auch mein Knecht, den ich erwählte, damit ihr erkennt und mir glaubt und einseht, dass ich es bin. Vor mir wurde kein Gott erschaffen und auch nach mir wird es keinen geben. Ich bin Jahwe, ich, und außer mir gibt es keinen Retter* (Jesaja 43,10–11). Wo immer die „Ich-bin-Worte" Jesu vorkommen, dürfen wir Jesus als die ewig gültige Offenbarung Gottes erkennen.

Ich bin es: Das Johannesevangelium nennt insgesamt sieben Situationen mit diesen markanten Worten. Jetzt geschieht Ähnliches wie damals beim brennenden Dornbusch.

1. *Ich bin es, ich, der mit dir spricht* (Johannes 4,26): Nachdem die Samariterin Jesus als Messias erkannt hat, lässt Jesus anklingen, dass sie gerade eine Gottesbegegnung erlebt.
2. *Ich bin es, fürchtet euch nicht!* (Johannes 6,20): Mitten im Schrecken des Sturmes ist Jesus da. Er handelt wie Gott

im Alten Testament und begleitet die Menschen im Auf
und Ab der Geschichte.

3. *Wenn ihr nicht glaubt, dass ich es bin, werdet ihr in euren
   Sünden sterben* (Johannes 8,24): An Jesus entscheidet
   sich das Heil der Menschen.

4. *Wenn ihr den Menschensohn erhöht habt, dann werdet
   ihr erkennen, dass ich es bin* (Johannes 8,28): Das Kreuz
   ist Ort höchster Gottesoffenbarung und lässt die volle
   Identität Jesu aufstrahlen.

5. *Noch ehe Abraham wurde, bin ich* (Johannes 8,58): Diese Worte greifen Gedanken des Prologs auf, dass Jesus
   schon vor der Schöpfung war.

6. *Ich sage es euch schon jetzt, ehe es geschieht, damit ihr,
   wenn es geschehen ist, glaubt: Ich bin es* (Johannes 13,19):
   Diese Aussage im Abendmahlsaal unterstreicht vorausblickend, dass die Passion Jesu nicht eine Kettenreakti-
   on von Zufallsereignissen darstellt.

7. *Als er zu ihnen sagte: Ich bin es!, wichen sie zurück und
   stürzten zu Boden* (Johannes 18,6): Das Verhalten der
   Soldaten bei der Gefangennahme Jesu erinnert an Er-
   scheinungen Gottes, bei denen Menschen wie der Prophet Jeremia vor der Herrlichkeit und Unbegreiflichkeit
   Gottes zunächst erschrecken.

Neben den kurzen „Ich-bin-Worten" Jesu überliefert Johannes sieben „Ich-bin-Bildworte": *Ich bin das Brot des Lebens. Ich bin das Licht der Welt. Ich bin die Tür. Ich bin der
gute Hirte. Ich bin die Auferstehung und das Leben. Ich bin
der Weg und die Wahrheit und das Leben. Ich bin der wahre
Weinstock.*

All diese Bilder stammen aus der Alltagswelt und be-
ziehen sich auf Lebensnotwendiges. In ihnen verdeutlicht
Jesus in mehrfacher Hinsicht seine universale Sendung:

▸ Er zeigt, dass er nicht nur irgendeine Gabe bringt oder eine Botschaft verkündet, sondern diese Gabe leibhaftig verkörpert. Gabe und Geber sind bei Jesus identisch.

▸ Alle Bilder haben, wenn man ihren Kontext beachtet, mit dem wahren und ewigen Leben zu tun und sind im Grunde Variationen zu dem Thema, dass Jesus gekommen ist, damit wir *das Leben haben und es in Fülle haben* (Johannes 10,10).

▸ Die Bildworte beschreiben weiters ein personales Verständnis von Heil. Da geht es nicht um ein Ding, sondern immer um die gelebte Beziehung zur Person Jesu.

▸ Im Johannesevangelium lässt sich auch ein Zusammenhang zwischen den sieben „Ich-bin-Bildworten" Jesu und seinen großen Zeichen herstellen. Die Hochzeit zu Kana zeigt exemplarisch, dass Jesus der wahre Weinstock ist und es für uns darum geht, mit ihm in Verbindung zu bleiben. Jesus speist die 5000 Menschen und erweist sich dadurch nicht nur als einmaliger Gastgeber, sondern als das wahre Brot des Lebens. Die Heilung des Blindgeborenen schenkt diesem das Augenlicht. Er kann wieder sehen. Kann er damit Jesus als das Licht der Welt erkennen und sich nach diesem Licht ausrichten? Mit der Auferweckung des Lazarus schenkt Jesus Einblick ins große Geheimnis, dass er selbst die Auferstehung und das Leben ist. Beim Seewandel erweist sich Jesus als derjenige, der seine Jünger nicht nur kennt, sondern sie auch wie der gute Hirte beschützt und leitet. Jesus heilt einen Gelähmten und macht damit möglich, dass sich dieser selbst auf den Weg machen kann. Jesus zeigt ihm nicht nur den Weg, sondern er ist der Weg, die Wahrheit und das Leben. Für den Sohn des königlichen Beamten öffnet sich durch seine Heilung eine neue Tür zum Leben.

▸ Die Bilder enthalten nicht zuletzt mehrfach den Gedanken der Einzigartigkeit und Exklusivität Jesu. Jesus lässt
sich nicht ersetzen. Erst Jesus genügt. Im Vergleich zu
Jesus, dem guten Hirten, sind alle anderen, die einen
messianischen Anspruch erheben, *Diebe und Räuber*.
Nur Jesus, der Weg, kann Zugang zum Vater vermitteln.
Getrennt vom Weinstock Jesus können wir nichts tun.

Fürchtet euch nicht!

Die Jünger befinden sich in einer dunklen Stunde ihres Lebens. Sie sind dem Wind und der Finsternis ausgeliefert. Ihr
Leben ist durch den gefährlichen Sturm in höchster Gefahr
und kein rettendes Ufer ist in Sicht. Wohin sollen sie ru-
dern, zurück zum Ausgangspunkt oder vorwärts zum Ziel
in Kafarnaum? Und am schlimmsten: Jesus ist nicht da. Wir
können uns die Gefühlslage der Jünger gut vorstellen.

Die bedrohliche Situation ändert sich mit einem Schlag.
Jesus kommt und plötzlich sind sie bereits am sicheren Ufer
gelandet. Sie haben wieder festen Boden unter den Füßen.
Jesu Nähe scheint ihr Problem sofort gelöst zu haben. Der
Bibeltext erwähnt in keinem Wort, welche Gedanken und
Gefühle die Jünger nach der wunderbaren Rettung erfasst
hat: Dankbarkeit? Erleichterung? Staunen? Verunsiche-
rung, wer dieser Jesus wirklich ist?

Bei vielen Gottesbegegnungen reagieren die Menschen
zunächst mit Furcht und Verunsicherung. Sie sind überrascht und können das Geschehen noch nicht verstehen,
geschweige denn in ihrer Fülle erkennen. Die Bibel berichtet, dass Gott oder sein Engel in solchen Situationen die Ge-
rufenen bestärken, keine Angst vor ihm oder einer neuen

Aufgabe zu haben. Der junge Jeremia wird bei seiner Berufung von Gott ermutigt: *Fürchte dich nicht vor ihnen, denn ich bin mit dir, um dich zu retten.* Zacharias verfällt bei der Erscheinung des Engels, der ihm die Geburt seinen Sohnes Johannes ankündigt, zunächst in Angst und Zweifel. Maria erschrickt, wie der Engel Gottes zu ihr kommt. Dieser spricht sie beim Namen an, beruhigt sie und sagt: *Fürchte dich nicht, Maria; denn du hast bei Gott Gnade gefunden* (Lukas 1,30). *Fürchtet euch nicht. Denn ich verkünde euch eine große Freude!* Wieder ist es ein Engel, der bemerkt, dass den Hirten von Betlehem der Schrecken im Nacken liegt.

Fürchtet euch nicht! In vielen Situationen der Angst verhallt dieser Ruf im Wirrwarr der Probleme und dringt kaum bis zum Herz der Menschen vor. Leider lassen sich viele Gefahren auch nicht so schnell beseitigen wie damals am See von Galiläa. Um die tiefe Angst aufzulösen, die sich in manche Menschen hineingefressen hat, benötigt es oft über Jahre ermutigende Worte und Vertrauen fördernde Handlungen über Jahre. Fortschritt und Rückschritte gleichen dann oft den Wellenbewegungen des Wassers. Der Beginn und der Inhalt des Weges zu mehr Vertrauen und Sicherheit bleibt aber immer derselbe: *Fürchtet euch nicht!* Unzählige Male findet sich dieser Zuspruch in der Bibel und will uns sozusagen für jeden Tag des Jahres, in den schwierigsten Stunden und in scheinbar alltäglichen Situationen begleiten. Furcht und Angst darf nicht das letzte Wort im Leben haben.

Vergleich mit den anderen Evangelien

Wer kennt nicht den Bericht vom Sturm auf dem See Gennesaret, bei dem das Boot der Jünger Jesu hin und her geworfen wird. Und Jesus schläft ganz ruhig im Boot, während die Jünger bereits um ihr Leben zittern! Auch der Bericht, wie sich Petrus als „Seewandler" versucht und sich sogar aus dem Boot hinauswagt, gehört zu den bekannten Berichten über Jesus und seine Jünger. Die wuchtigen Worte, mit denen Jesus dem Sturm *Schweig, sei still!* (Markus 4,39) befiehlt, lösen bis heute Staunen über die Naturgewalten und über Jesus aus.

All das scheint für das Johannesevangelium nicht so wichtig zu sein. Dieses will uns für alle Zeiten und für alle Stürme unseres Lebens einfach die Botschaft zurufen und zuflüstern: *Ich bin es; fürchtet euch nicht!*

Das besondere Wort

Erreichbar musst du für mich sein
Ich fürchte mich nicht vor dem Leben
vor Wellen und Wind
dem Auf und Nieder des gewöhnlichen Alltags

Doch wenn du mich senden willst
durch Nacht und Nebel
durch unbekannte Gewässer und Fluten
zu fernen Ufern
dann musst du, Herr,
mit einsteigen in mein Segelboot

Leg dich ruhig schlafen
aber ich muss dich wecken können
wenn ich am Ende bin
oder unterzugehen drohe
Klemens Nodewald

Geh und wasch dich im Teich Schiloach!

Heilung des Blindgeborenen
Johannes 9,1–41

Die Heilung des Blindgeborenen am Teich Schiloach zeigt den Weg zum wahren Sehen, der trotz Hindernissen möglich ist. Sie ist sowohl vom Aufbau als auch vom Inhalt her eine eigenartige Erzählung. Die Erzählung gleicht einem Bühnenstück mit sieben Szenen, wobei der Hauptdarsteller Jesus nur in der ersten und den beiden letzten Szenen auftritt. Auch der Inhalt ist alles andere als normal. Jesus vollbringt am Beginn sofort ein Wunder. Nachher herrscht im Gegensatz zu vielen Wundern Jesu kein Staunen, sondern es erfolgen detektivische Untersuchungen mit eigenartigen Methoden. Die sieben Szenen, die nachfolgend genauer betrachtet werden, erzählen wohl mehr von uns Menschen des 21. Jahrhunderts, als wir ahnen.

Szene 1: Frage der Jünger: Wer hat gesündigt?

Unterwegs sah Jesus einen Mann, der seit seiner Geburt blind war. Da fragten ihn seine Jünger: Rabbi, wer hat gesündigt? Er selbst? Ober haben seine Eltern gesündigt, sodass er blind geboren wurde? Jesus antwortete: Weder er noch seine Eltern haben gesündigt, sondern das Wirken Gottes soll an ihm offenbar werden. Wir müssen, solange es Tag ist, die Werke dessen vollbringen, der mich gesandt hat; es kommt die Nacht, in der niemand mehr etwas tun kann. Solange ich in der Welt bin, bin ich das Licht der Welt. Als er dies gesagt hatte, spuckte er auf die Erde; dann machte er mit dem Speichel einen Teig, strich ihn dem Blinden auf die Augen und sagte zu ihm: Geh und wasch dich in dem Teich Schiloach! Schiloach heißt übersetzt: Der Gesandte. Der Mann ging fort und wusch sich. Und als er zurückkam, konnte er sehen.

Johannes 9, 1–7

Noch bevor die Jünger einen einzigen Satz mit dem Blindgeborenen reden, stellen sie alle möglichen Vermutungen über ihn an. Für sie ist die Verbindung zwischen Blindheit und Sünde klar. Fragt sich nur, wem sie die Sünde anhängen sollen: Ist sie vererbt und somit Schuld der Eltern oder ist der Blindgeborene selbst verantwortlich? Der Menschenkenner Jesus kennt die Sackgasse der beliebten Dauerfrage „Wer ist schuld?". Sie bringt kaum jemanden weiter, verhärtet eher die Situationen und sucht schnell Sündenböcke. Deshalb weitet Jesus sofort den Blick auf zwei andere Ebenen aus, auf Gott und auf die Zukunft: Während die Jünger einen sündigen Blindgeborenen sehen, sieht Jesus in dem Mann eine Person mit neuen Chancen. An ihm sollen in Zukunft die Werke Gottes offenbar werden.

Bei vielen Heilungserzählungen steht am Anfang ein Hilferuf der Kranken oder die Frage Jesu „Was willst du, dass ich dir tun soll?" Bei der Heilung des Blindgeborenen hören wir nichts von all dem. Sämtliche Initiativen gehen von Jesus aus: *Er sah … er antwortete … er spuckte auf die Erde … dann machte er mit dem Speichel einen Teig, strich den Teig dem Blinden auf die Augen und sagte …* Der Blinde gehorcht Jesus ohne Nachfrage und ist geheilt. Das Wunder ist geschehen.

Szene 2: Die Nachbarn reden überall mit und wissen nichts genau

Die Nachbarn und andere, die ihn früher als Bettler gesehen hatten, sagten: Ist das nicht der Mann, der dasaß und bettelte? Einige sagten: Er ist es. Andere meinten: Nein, er sieht ihm nur ähnlich. Er selbst aber sagte: Ich bin es. Da fragten sie ihn: Wie sind deine Augen geöffnet worden? Er antwortete: Der Mann, der Jesus heißt, machte einen Teig, bestrich damit meine Augen und sagte zu mir: Geh zum Schiloach und wasch dich! Ich ging hin, wusch mich und konnte wieder sehen. Sie fragten ihn: Wo ist er? Er sagte: Ich weiß es nicht.

Johannes 9,8–12

Kennen Sie Menschen, die überall mitreden, ohne genauere Hintergründe zu wissen? Gehören Sie vielleicht selbst dazu? Nach der Heilung des Blindgeborenen treten in der Gestalt der Nachbarn solche Menschentypen auf: „Ist er es oder ist er es nicht?" „Vielleicht sieht er ihm nur ähnlich?"

Johannes weist ausdrücklich darauf hin, dass es sich bei den Nachbarn um Menschen handelt, die den Blinden immer wieder gesehen hatten. Und trotzdem werden sie jetzt unsicher. Sie scheinen den Blindgeborenen, der mitten unter ihnen lebt, nie genau angeschaut, vielleicht auch nie mit ihm geredet zu haben. Wahrscheinlich waren sie wie die Jünger eher auf die Sünde und sein verachtetes Betteln konzentriert als auf den Mann selbst.

Szene 3: Für die Pharisäer kann eine Heilung am Sabbat nicht von Gott kommen

Da brachten sie den Mann, der blind gewesen war, zu den Pharisäern. Es war aber Sabbat an dem Tag, als Jesus den Teig gemacht und ihm die Augen geöffnet hatte. Auch die Pharisäer fragten ihn, wie er sehend geworden sei. Der Mann antwortete ihnen: Er legte mir einen Teig auf die Augen; dann wusch ich mich, und jetzt kann ich sehen. Einige der Pharisäer meinten: Dieser Mensch kann nicht von Gott sein, weil er den Sabbat nicht hält. Andere aber sagten: Wie kann ein Sünder solche Zeichen tun? So entstand eine Spaltung unter ihnen. Da fragten sie den Blinden noch einmal: Was sagst du selbst über ihn? Er hat doch deine Augen geöffnet. Der Mann antwortete: Er ist ein Prophet.

Johannes 9,13–17

In der dritten Szene erfolgt eine Befragung durch die Pharisäer. Die Situation wird bedrohlicher und wechselt vom Klatsch der Nachbarn zum Verhör des Geheilten. Anders als die Nachbarn interessieren sich viele Pharisäer nicht so sehr für den Blindgeborenen, sondern nur dafür, Beweise gegen Jesus zu finden. Für sie kann nichts von Gott kommen, was dem Sabbatgebot widerspricht. Ob jemand geheilt wurde, ist ihnen eigentlich egal. Es ist auf jeden Fall zur falschen Zeit geschehen. Das geht nicht!

Szene 4: Die Eltern stehen nicht hinter ihrem Kind

Die Juden aber wollten nicht glauben, dass er blind gewesen und sehend geworden war. Daher riefen sie die Eltern des Geheilten und fragten sie: Ist das euer Sohn, von dem ihr behauptet, dass er blind geboren wurde? Wie kommt es, dass er jetzt sehen kann? Seine Eltern antworteten: Wir wissen, dass er unser Sohn ist und dass er blind geboren wurde. Wie es kommt, dass er jetzt sehen kann, das wissen wir nicht. Und wer seine Augen geöffnet hat, das wissen wir auch nicht. Fragt doch ihn selbst, er ist alt genug und kann selbst für sich sprechen. Das sagten seine Eltern, weil sie sich vor den Juden fürchteten; denn die Juden hatten schon beschlossen, jeden, der ihn als den

Messias bekenne, aus der Synagoge auszustoßen. Deswegen sagten seine Eltern: Er ist alt genug, fragt doch ihn selbst.

Johannes 9,18–23

Die vierte Szene konfrontiert die Eltern mit den Pharisäern. Diese unterstellen den Eltern, dass ihr Sohn nie richtig blind war und sie die Unwahrheit gesagt haben. Die Lösung wird angedeutet: Man kann ja so tun, als ob er nie blind und somit kein richtiges Wunder nötig war. Zunächst scheinen sich die Eltern dem vorgeschlagenen Schwindel zu widersetzen. Doch von den Pharisäern in die Enge getrieben, verlässt sie sofort der Mut: *Er ist alt genug, fragt doch ihn selbst.* Damit ihnen nichts passiert, entziehen sich die Eltern der eigenen Stellungnahme. Sie überlassen ihren Sohn sich selbst.

Szene 5: Für die besserwisserischen Pharisäer ist alles längst geklärt

Da riefen die Pharisäer den Mann, der blind gewesen war, zum zweiten Mal und sagten zu ihm: Gib Gott die Ehre! Wir wissen, dass dieser Mensch ein Sünder ist. Er antwortete: Ob er ein Sünder ist, weiß ich nicht. Nur das eine weiß ich, dass ich blind war und jetzt sehen kann. Sie fragten ihn: Was hat er mit dir gemacht? Wie hat er deine Augen geöffnet? Er antwortete ihnen: Ich habe es euch bereits gesagt, aber ihr habt nicht gehört. Warum wollt ihr es noch einmal hören? Wollt auch ihr seine Jünger werden? Da beschimpften sie ihn: Du bist ein Jünger dieses Menschen; wir aber sind Jünger des Mose. Wir wissen, dass zu Mose Gott gesprochen hat; aber von dem da wissen wir nicht, woher er kommt. Der Mann antwortete ihnen: Darin liegt ja das Erstaunliche, dass ihr nicht wisst, woher er kommt; dabei hat er doch meine Augen geöffnet. Wir wissen, dass Gott einen Sünder nicht erhört; wer aber Gott fürchtet und seinen Willen tut, den erhört er. Noch nie hat man gehört, dass jemand die Augen eines Blindgeborenen geöffnet hat. Wenn dieser Mensch nicht von Gott wäre, dann hätte er gewiss nichts ausrichten können. Sie entgegneten ihm: Du bist ganz und gar in Sünden geboren, und du willst uns belehren? Und sie stießen ihn hinaus.

Johannes 9,24–34

Ab und zu sagen Menschen: „Da muss ein Wunder her, dann glauben wir." Hier ist ein Wunder geschehen, aber für die verblendeten Pharisäer ändert sich trotzdem nichts. Gleich zu Beginn des langen Gesprächs wird klargestellt, was die Gegner Jesu wirklich wollen: Sie suchen keine Kommunikation mit Jesus, sondern einzig die Bestätigung des Blindgeborenen für ihr längst vorgefertigtes Urteil über Jesus. Der Geheilte lässt sich jedoch nicht einschüchtern oder erpressen und kommt zu einer ganz anderen Erkenntnis: *Wenn dieser Mensch nicht von Gott wäre, dann hätte er gewiss nichts ausrichten können.* Die beiden Positionen stehen sich nun unversöhnlich gegenüber. Das Ende ist absehbar: Der Blindgeborene wird aus der Synagoge ausgeschlossen und nimmt das in Kauf, was seine ängstlichen Eltern fürchten.

Szene 6: Der Blindgeborene findet zum Glauben

Jesus hörte, dass sie ihn hinausgestoßen hatten, und als er ihn traf, sagte er zu ihm: Glaubst du an den Menschensohn? Der Mann antwortete: Wer ist das, Herr? (Sag es mir,) damit ich an ihn glaube. Jesus sagte zu ihm: Du siehst ihn vor dir; er, der mit dir redet, ist es. Er aber sagte: Ich glaube, Herr! Und er warf sich vor ihm nieder.

Johannes 9,35–38

An diesem Punkt betritt Jesus wieder die Szene. Der Kreis schließt sich. Wie schon bei der Heilung setzt Jesus die Initiative und spricht den Geheilten ganz gezielt an: *Glaubst du an den Menschensohn?* Der Blindgeborene hat durch die Heilung und die anschließenden Auseinandersetzungen endgültig zum Glauben an Jesus gefunden. Die Steigerung seiner Aussagen über Jesus drückt seine Entwicklung aus: Sprach er zunächst ganz sachlich vom *Mann, der Jesus heißt*, nannte er ihn beim Verhör durch die Pharisäer *einen Propheten*. Anschließend drückte er die Überzeugung aus, dass er *von Gott* ist. Jetzt bekennt er: *Ich glaube, Herr*. Um dieses Glaubensbekenntnis mit Leib und Seele zu zeigen, wirft er sich sogar anbetend vor Jesus nieder. Dem Geheilten ist ein zweites Licht aufgegangen. Er wurde nicht nur körperlich sehend, sondern sieht jetzt die großen Zusammenhänge des Lebens tiefer und weiter.

Szene 7: Die Pharisäer verharren in ihrer Blindheit

Da sprach Jesus: Um zu richten, bin ich in diese Welt gekommen: damit die Blinden sehend und die Sehenden blind werden. Einige Pharisäer, die bei ihm waren, hörten dies. Und sie fragten ihn: Sind etwa auch wir blind? Jesus antwortete ihnen: Wenn ihr blind wärt, hättet ihr keine Sünde. Jetzt aber sagt ihr: Wir sehen. Darum bleibt eure Sünde.

Johannes 9,39–41

Findet der Geheilte zum Glauben, so verharren die Pharisäer leider in ihrer kurzsichtigen und beschränkten Welt und werden als die wahrhaft Blinden entlarvt.

Das eigentliche Wunder dieser Erzählung ist nicht so sehr die körperliche Heilung des Blindgeborenen, sondern sein wachsendes Vertrauen. Sein neues Sehen ist mehr als nur das Sehen von Gegenständen, Farben und schöner Natur. Er sieht hinter die Kulissen und dabei Lichtspuren Gottes. Im Vergleich mit den Nachbarn und Pharisäern zeigt sich, dass der Mann nicht nur gesund, sondern geheilt ist. Er ist frei von der Angst, die ihn stets hinderte, seine eigene Ansicht zu vertreten. Während seine Eltern ängstlich und feige reagieren, findet er zu seinem eigenen Urteil und zum Mut, es zu vertreten. Wenn Jesus heilt, dann will er nicht nur Symptome behandeln und körperlich gesund machen. Heilwerden betrifft den ganzen Menschen.

Das Johannesevangelium richtet seine Aufmerksamkeit auf die Heilung der Augen und will dadurch zu einem tieferen Sehen hinführen, wer Jesus wirklich ist. Bereits im Prolog wird angedeutet, dass dies möglich ist: *Wir haben seine Herrlichkeit gesehen, die Herrlichkeit des einzigen Sohnes vom Vater, voll Gnade und Wahrheit* (Johannes 1,14).

Glauben heißt demnach nicht, keine Glaubenszweifel haben oder einfach tun, was der Papst und die Kirche sagen. Es heißt vielmehr, ganz bewusst und regelmäßig auf Jesus zu schauen und von ihm zu lernen. Das geschieht im meditativen Betrachten seiner Taten oder auch dadurch, dass ich mich bei Entscheidungen frage, wie jetzt Jesus handeln würde.

Vergleich mit den anderen Evangelien

Alle vier Evangelien berichten davon, dass Jesus Blinde geheilt hat. Im Markusevangelium bilden die beiden Heilungen des Blinden bei Betsaida und des blinden Bartimäus den Rahmen des langen Abschnittes, der Jesu Weg nach Jerusalem beschreibt. In einem Intensivkurs möchte Jesus auf diesem Weg die Jünger auf die kommenden Ereignisse in Jerusalem vorbereiten. Obwohl die Jünger schon lange Zeit

Jesu Wirken sehen, scheinen sie vieles noch nicht verstanden zu haben. So wird die körperliche Blindheit einzelner Kranker zum Bild für das Unverständnis gegenüber dem Leidensweg Jesu. Kann auch diese „Krankheit" geheilt werden? Können die Jünger wie Bartimäus ganz auf Jesus vertrauen und den Mantel ihrer Selbstsicherheit wegwerfen? Jesus lädt ein, die Blindheit unseres Herzens durch Glaube und Gebet zu überwinden. Die Tatsache, dass der Blinde bei Betsaida in zwei Etappen geheilt wird, mag auch ein Trost sein, dass Glaube und Heilung oft mehrere Schritte benötigen. Jesus hilft uns dabei.

Das besondere Wort

Osteraugen
Ich wünsche uns Osteraugen,
die im Tod bis zum Leben,
in der Schuld bis zur Vergebung,
in der Trennung bis zur Einheit,
in den Wunden bis zur Herrlichkeit,
im Menschen bis zu Gott,
in Gott bis zum Menschen,
im Ich bis zum Du
zu sehen vermögen.
Und dazu alle österliche Kraft.
*   Bischof Klaus Hemmerle*

Lazarus, komm heraus!

Erste und letzte Hilfe in Betanien
Johannes 11,1–45

Es gibt hundert Möglichkeiten, sich dem großen Text in Johannes 11 zu nähern. Keine erfasst die ganze Fülle dieses Berichtes. Ich möchte in den folgenden Gedanken als Zugang drei Schritte wählen: Der Blick auf die Orte des Geschehens und den Gesprächsverlauf soll zunächst helfen, das gesamte Ereignis genauer zu erfassen. Dann soll der Versuch gewagt werden, Johannes 11 mit den Werken der Barmherzigkeit zu verbinden. In einem dritten Durchgang werden die großen theologischen Glaubensaussagen dieses Bibeltextes betrachtet.

Zugang 1: Orte des Geschehens und Gesprächsverlauf

Maria und Marta benachrichtigen Jesus von der Krankheit ihres Bruders

Ein Mann war krank, Lazarus aus Betanien, dem Dorf, in dem Maria und ihre Schwester Marta wohnten. Maria ist die, die den Herrn mit Öl gesalbt und seine Füße mit ihrem Haar abge-

trocknet hat; deren Bruder Lazarus war krank. Daher sandten
die Schwestern Jesus die Nachricht: Herr, dein Freund ist krank.
Als Jesus das hörte, sagte er: Diese Krankheit wird nicht zum
Tod führen, sondern dient der Verherrlichung Gottes: Durch sie
soll der Sohn Gottes verherrlicht werden. Denn Jesus liebte Marta, ihre Schwester und Lazarus.

Johannes 11, 1–5

Wie bei einem Theaterregiebuch stellen uns die ersten Zeilen des Textes sofort die handelnden Personen und ihr Be-
ziehungsnetz vor. Es handelt sich um drei Geschwister, die
an der Ostseite des Ölbergs im Dorf Betanien wohnen. Die
drei Geschwister sind mit Jesus befreundet und handeln
ganz selbstverständlich so, wie es in einem Freundeskreis
wichtig und sinnvoll ist. Da Lazarus krank ist, verständigen
die beiden Schwestern ihren Freund Jesus und erinnern ihn
indirekt auch an die Pflicht der Freundschaft. Merkwürdigerweise eilt Jesus nicht sofort zu seinem kranken Freund,
sondern verweilt weiterhin an der anderen Seite des Jor-
dan (Johannes 10,40) und sagt zu seinen Jüngern die un-
verständlichen Worte: *Diese Krankheit wird nicht zum Tod*
führen, sondern dient der Verherrlichung Gottes. Bei der
Begegnung mit dem Blindgeborenen sprach Jesus zunächst
ähnliche Worte: *Das Wirken Gottes soll an ihm offenbar*
werden (Johannes 9,3). Geht es Jesus um seinen Freund Lazarus oder um etwas anderes?

Gespräch Jesu mit den Jüngern

Als er hörte, dass Lazarus krank war, blieb er noch zwei Tage
an dem Ort, wo er sich aufhielt. Danach sagte er zu den Jüngern: Lasst uns wieder nach Judäa gehen. Die Jünger entgegneten ihm: Rabbi, eben noch wollten dich die Juden steinigen,
und du gehst wieder dorthin? Jesus antwortete: Hat der Tag

nicht zwölf Stunden? Wenn jemand am Tag umhergeht, stößt er nicht an, weil er das Licht dieser Welt sieht; wenn aber jemand in der Nacht umhergeht, stößt er an, weil das Licht nicht in ihm ist. So sprach er. Dann sagte er zu ihnen: Lazarus, unser Freund, schläft; aber ich gehe hin, um ihn aufzuwecken. Da sagten die Jünger zu ihm: Herr, wenn er schläft, dann wird er gesund werden. Jesus hatte aber von seinem Tod gesprochen, während sie meinten, er spreche von dem gewöhnlichen Schlaf. Darauf sagte ihnen Jesus unverhüllt: Lazarus ist gestorben. Und ich freue mich für euch, dass ich nicht dort war; denn ich will, dass ihr glaubt. Doch wir wollen zu ihm gehen. Da sagte Thomas, genannt Didymus (Zwilling), zu den anderen Jüngern: Dann lasst uns mit ihm gehen, um mit ihm zu sterben.

Johannes 11,6–16

Jesus will, dass seine Jünger glauben. Das scheint ihm wichtiger zu sein als eine schnelle Hilfe für Lazarus oder die Sicherheit des eigenen Lebens. Es wäre nicht verwunderlich, wenn die Jünger nach diesem Gespräch nur kopfschüttelnd fragen: Warum will Jesus unbedingt nach Judäa gehen, er kennt doch die lauernden Gefahren dort? Warum redet Jesus zunächst davon, dass Lazarus schläft? Warum freut er sich, dass er nicht vor Ort bei seinem Freund ist? Woran sollen sie jetzt genau glauben? Der als Zweifler bekannte Apostel Thomas zweifelt hier nicht lange und betont fest entschlossen: *Dann lasst uns mit ihm gehen, um mit ihm zu sterben.*

Jesu Gespräch mit Marta

Als Jesus ankam, fand er Lazarus schon vier Tage im Grab liegen. Betanien war nahe bei Jerusalem, etwa fünfzehn Stadien entfernt. Viele Juden waren zu Marta und Maria gekommen, um sie wegen ihres Bruders zu trösten. Als Marta hörte, dass

Jesus komme, ging sie ihm entgegen, Maria aber blieb im Haus.
Marta sagte zu Jesus: Herr, wärst du hier gewesen, dann wäre
mein Bruder nicht gestorben. Aber auch jetzt weiß ich: Alles,
worum du Gott bittest, wird Gott dir geben. Jesus sagte zu ihr:
Dein Bruder wird auferstehen. Marta sagte zu ihm: Ich weiß,
dass er auferstehen wird bei der Auferstehung am Letzten Tag.
Jesus erwiderte ihr: Ich bin die Auferstehung und das Leben. Wer
an mich glaubt, wird leben, auch wenn er stirbt, und jeder, der
lebt und an mich glaubt, wird auf ewig nicht sterben. Glaubst
du das? Marta antwortete ihm: Ja, Herr, ich glaube, dass du
der Messias bist, der Sohn Gottes, der in die Welt kommen soll.

Johannes 11,17–27

Jesus kommt zu spät nach Betanien. Das Begräbnis hat
längst stattgefunden, Lazarus ist bereits vier Tage im Grab.
Marta erfährt, dass Jesus endlich eintrifft, und eilt ihm
entgegen. Die berühmt gewordene Begegnung zwischen
ihr und Jesus findet noch außerhalb des Dorfes statt. Marta eröffnet das Gespräch und drückt in ihren Worten das
große Vertrauen aus, dass Jesu Gebet zum Vater besondere Chancen hat. Klingt darin auch ein kleiner Vorwurf an,
dass Jesus nicht rechtzeitig gekommen ist? Wäre er hier gewesen, dann hätte er den Tod verhindern können! Die beiden Antworten Jesu bestätigen nicht nur die Worte Martas,
sondern enthalten eine Steigerung. Schon die erste Antwort
ist ein wunderbarer Trost: Der Tod ist nicht das Letzte, Lazarus wird auferstehen. Wieder äußert Marta ihre Zuver-
sicht und bezieht Jesu Antwort auf die allgemeine Aufer-
stehungshoffnung am Jüngsten Tag, die bei den frommen
Juden zur Zeit Jesu verbreitet war. In Kafarnaum griff Jesus
beim Gespräch über das Brot diese Hoffnung bereits auf
und betonte mehrmals, dass er die Menschen am Letzten
Tag auferwecken wird (Johannes 6,39.40.44.45).

Jesu Zusage an Marta geht weit darüber hinaus: Das ewige Leben beginnt nicht in ferner Zukunft am Jüngsten Tag, sondern ist bereits jetzt mitten im Leid der Gegenwart angebrochen. Jesus verspricht nicht nur die endzeitliche Auferstehung, sondern verkörpert sie in seiner Person: *Ich bin die Auferstehung und das Leben.* Mit seinem Tod wird er die Tür zur Auferstehung für immer öffnen. Was auch immer in der Welt geschehen mag, diese Tür kann dann nicht mehr versperrt werden.

Jesu Begegnung mit Maria

Nach diesen Worten ging sie weg, rief heimlich ihre Schwester Maria und sagte zu ihr: Der Meister ist da und lässt dich rufen. Als Maria das hörte, stand sie sofort auf und ging zu ihm. Denn Jesus war noch nicht in das Dorf gekommen; er war noch dort, wo ihn Marta getroffen hatte. Die Juden, die bei Maria im Haus waren und sie trösteten, sahen, dass sie plötzlich aufstand und hinausging. Da folgten sie ihr, weil sie meinten, sie gehe zum Grab, um dort zu weinen. Als Maria dorthin kam, wo Jesus war, und ihn sah, fiel sie ihm zu Füßen und sagte zu ihm: Herr, wärst du hier gewesen, dann wäre mein Bruder nicht gestorben. Als Jesus sah, wie sie weinte und wie auch die Juden weinten, die mit ihr gekommen waren, war er im Innersten erregt und erschüttert. Er sagte: Wo habt ihr ihn bestattet? Sie antworteten ihm: Herr, komm und sieh! Da weinte Jesus. Die Juden sagten: Seht, wie lieb er ihn hatte! Einige aber sagten: Wenn er dem Blinden die Augen geöffnet hat, hätte er dann nicht auch verhindern können, dass dieser hier starb?

Johannes 11,28–37

Wird im Gespräch Jesu mit Marta seine göttliche Hoheit sichtbar, so zeigt sich in der Begegnung mit Maria seine Menschlichkeit. Jesus ist im Innersten erregt und erschüttert. Ausdrücklich wird – nur hier in den vier Evangelien – betont, dass Jesus weint. Er spürt den Schmerz des Verlustes eines lieben Menschen am eigenen Leib und kann diesen Schmerz auch zeigen. Maria fällt Jesus zu Füßen und spricht dieselben Worte wie ihre Schwester: *Herr, wärst du hier gewesen, dann wäre mein Bruder nicht gestorben.*

Jesus ruft Lazarus aus dem Grab

Da wurde Jesus wiederum innerlich erregt, und er ging zum Grab. Es war eine Höhle, die mit einem Stein verschlossen war. Jesus sagte: Nehmt den Stein weg! Marta, die Schwester des Verstorbenen, entgegnete ihm: Herr, er riecht aber schon, denn es ist bereits der vierte Tag. Jesus sagte zu ihr: Habe ich dir nicht gesagt: Wenn du glaubst, wirst du die Herrlichkeit Gottes sehen? Da nahmen sie den Stein weg. Jesus aber erhob seine Augen und sprach: Vater, ich danke dir, dass du mich erhört hast. Ich wusste, dass du mich immer erhörst; aber wegen der Menge, die um mich herum steht, habe ich es gesagt; denn sie sollen glauben, dass du mich gesandt hast. Nachdem er dies gesagt hatte, rief er mit lauter Stimme: Lazarus, komm heraus! Da kam der Verstorbene heraus; seine Füße und Hände waren mit Binden umwickelt, und sein Gesicht war mit einem Schweißtuch verhüllt. Jesus sagte zu ihnen: Löst ihm die Binden, und lasst ihn weggehen! Viele der Juden, die zu Maria gekommen waren und gesehen hatten, was Jesus getan hatte, kamen zum Glauben an ihn.

Johannes 11,38–45

Der Blick auf alle Zeichen Jesu im Johannesevangelium zeigt, dass sich in Betanien nicht nur die letzte, sondern auch die größte Tat Jesu ereignet. Einige vorausgehende Wunder geschahen an Menschen, die Jesus das erste Mal sah, und wurden ohne Emotionen beschrieben. Hier steht

Jesus am Grab seines langjährigen Freundes Lazarus und es geht um Leben oder Tod. Machtvoll und zeichenhaft zeigt Jesus den Anwesenden, dass er selbst die Auferstehung und das Leben ist, wie er es vorher zu Marta gesagt hat.

Dieses Geschehen greift frühere Verheißungen Jesu auf: *Die Stunde kommt, und ist schon da, in der die Toten die Stimme des Sohnes Gottes hören werden; und alle, die sie hören, werden leben* (Johannes 5,25). Auch die Worte *Die Stunde kommt, in der alle, die in den Gräbern sind, seine Stimme hören und herauskommen werden* (Johannes 5,28), erfahren jetzt eine handfeste Umsetzung. Unvorstellbar und unglaublich, was hier geschieht und was die Worte Jesu bewirken können!

Zugang 2: Werke der Barmherzigkeit

Leistet Jesus bei seinen Freunden Maria, Marta und Lazarus erste Hilfe oder letzte Hilfe? Auf jeden Fall zeigt dieser große Bibeltext die ganze Palette von konkreten Hilfsmöglichkeiten, wie sich Menschen in Notsituationen gegenseitig beistehen können. Selten wird in wenigen Zeilen ein so dichtes Netz verschiedener Formen von Hilfe beschrieben. So soll hier der Text mit den Werken der Barmherzigkeit in Verbindung gebracht werden, wie sie zum 800. Gedenkjahr der heiligen Elisabeth von Thüringen neu formuliert wurden.

Du gehörst dazu
Jesus pflegt mit den drei Geschwistern aus Betanien eine freundschaftliche Beziehung. Deshalb ist wichtig, dass Jesus Frohes und auch Trauriges aus deren Leben erfährt. Das

ist logisch, wenn er zum Freundeskreis dazugehört. Es wäre komisch, wenn die beiden Schwestern ihm die große Sorge um die Krankheit des Lazarus verschweigen würden. *Daher sandten die Schwestern Jesus die Nachricht: Herr, dein Freund ist krank.*

Ich höre dir zu
Gerade das Gespräch zwischen Jesus und Marta zeigt, wie aufmerksam sich diese beiden Menschen zuhören. Nicht nur dieses Gespräch, sondern auch die Worte zwischen Jesus und Maria, zwischen Jesus und den Jüngern und alle Worte im Haus von Maria und Marta werden überlegt ausgesprochen und aufmerksam gehört.

Wenn Jugendliche über jemanden ein großes Kompliment machen, dann betonen sie oft: „Der hat mir genau zugehört." „Die kann so gut zuhören, das ist einfach wohltuend."

Ich rede gut über dich
In diesem Bibelabschnitt reden alle gut über einander: Maria, Marta, die Jünger, Jesus, die Besucher im Haus von Maria und Marta, die ganz allgemein als Juden bezeichnet werden. Einzig eine kleine Gruppe von Menschen stellt, ohne vorher mit Jesus geredet zu haben, die kritische Anfrage: *Wenn er dem Blinden die Augen geöffnet hat, hätte er dann nicht auch verhindern können, dass dieser hier starb?*

Papst Franziskus betont immer wieder, wir sollen nicht beim Tratsch und Klatsch daheim sein, sondern unsere Zunge hüten. Wenn wir über andere Menschen Gutes sagen und eine wertschätzende Gesprächskultur pflegen, dann ergibt sich automatisch, dass auch wir wohltuende Freundlichkeiten erfahren.

Ich gehe ein Stück mit dir

Das Anliegen, jemanden auf leichten und schwierigen Wegen zu begleiten, klingt ganz banal, ist aber in vielen Situationen nicht so selbstverständlich. Manche Menschen trau-
en sich in schwierigen Situationen nicht, allein zu einem
Treffen oder zu einem Arzt zu gehen. Wie hilfreich ist es,
wenn dann jemand dabei ist!

So auch hier in Betanien: *Viele Juden waren zu Marta
und Maria gekommen, um sie wegen ihres Bruders zu trösten. Da folgten sie ihr, weil sie meinten, sie gehe zum Grab,
um dort zu weinen.* Der Apostel Thomas will mit Jesus nach
Jerusalem gehen, selbst auf die Gefahr hin, dass er mit ihm
sterben muss. *Da sagte Thomas, genannt Didymus (Zwilling), zu den anderen Jüngern: Dann lasst uns mit ihm gehen,
um mit ihm zu sterben.*

Ich teile mit dir

Es ist beeindruckend, wie selbstverständlich in Betanien
Freud und Leid geteilt werden. Alle sind im wahrsten Sinn
des Wortes sympathisch (= mit leidend): *Als Jesus sah, wie sie
weinte und wie auch die Juden weinten, die mit ihr gekommen
waren, war er im Innersten erregt und erschüttert.* Geteiltes
Leid ist halbes Leid, geteilte Freude ist doppelte Freude.

Ich besuche dich

Stellt euch vor, Maria und Marta müssten allein zuhause
sitzen und mit dem Tod ihres Bruders zurechtkommen.
Zum Glück erleben sie, dass Menschen kommen, die mit
ihnen weinen, mit ihnen essen, sie trösten und einfach da
sind. In Johannes 11 wird ausdrücklich betont, dass viele
Juden gekommen sind, um die Geschwister zu trösten. Im
Gegensatz zu Johannes 9 schneiden hier die Juden sehr po-
sitiv ab.

Es gehört für mich zu den erschreckenden Erfahrungen, wenn ich erlebe, dass Menschen beim Tod eines lieben Menschen ganz allein sind und nach dem Begräbnis allein in die leere Wohnung zurückgehen. Kein Wunder, dass sie sich dann einsperren und nicht mehr weiterwissen.

Ich bete für dich
Marta kennt die Kraft des Gebetes und sagt zu Jesus: *Alles, worum du Gott bittest, wird Gott dir geben.* Auch Jesus betet und richtet vor der Erweckung des Lazarus seine Worte gezielt an den Vater: *Vater, ich danke dir, dass du mich erhört hast. Ich wusste, dass du mich immer erhörst.* Es ist auffällig, dass Jesus hier in der Vergangenheitsform redet und sich bedankt, dass Gott ihn bereits erhört hat. Das ist Vertrauen!

Ich kenne viele Menschen, die ganz gezielt für andere beten. Großeltern beten für ihre Enkel und Kinder für andere Kinder in Kriegsgebieten. So manche ältere Menschen, die das Haus nicht mehr verlassen können, sprechen täglich ein Gebet speziell für die Jugendlichen von heute. Sie tun dies, „weil diese es nicht so leicht haben".

Zugang 3: Schritte zum Glauben und große Glaubensbekenntnisse

Noch bevor Jesus nach Betanien kommt, betont er als Ziel für die Ereignisse der kommenden Stunden, dass die Jünger zum Glauben kommen: *denn ich will, dass ihr glaubt.* Das Wort „glauben" durchzieht anschließend wie ein roter Faden das gesamte Geschehen. Der ersehnte Erfolg tritt sofort ein. *Viele der Juden, die zu Maria gekommen waren und gesehen hatten, was Jesus getan hatte, kamen zum Glauben an ihn.*

Marta scheint seit eh und je eine gläubige Frau zu sein. Sie lebt eingebettet in die Glaubenstradition ihres Volkes Israel und erfährt in der bisherigen Freundschaft mit Jesus eine zusätzliche Stärkung ihres Glaubens. Ihr Glaube zeigt sich im Angesicht des Todes ihres Bruders sogar darin, dass sie sich in ihrem Schmerz nicht verschließt, sondern zu Jesus geht. Dass sie bereits vor der Auferweckung ihres Bruders eines der größten Glaubensbekenntnisse der Bibel formuliert, bezeugt diese einzigartige Frau. Mit ihren Worten darf die Menschheit für alle Zeit vor Jesus bekennen: *Ja, Herr, ich glaube, dass du der Messias bist, der Sohn Gottes, der in die Welt kommen soll.* Sie greift darin das Warten des Volkes Israel auf den verheißenen Messias auf und wagt zusätzlich Jesus als Sohn Gottes zu bekennen. All das schließt nicht aus, den Tod ihres Bruders Lazarus als Bewährungsprobe des Glaubens zu erfahren und weiterhin Fragen an Jesus zu stellen. So formuliert Marta beim Öffnen des Grabes das berechtigte Bedenken, das der Leichnam bereits riecht. Jesus fordert sie mit der Frage *Habe ich dir nicht gesagt, wenn du glaubst, wirst du die Herrlichkeit Gottes sehen?* neuerlich heraus, an ihrem Glauben wie an einem Diamanten zu schleifen.

Die Glaubensschule Jesu für die Jünger erreicht in Betanien einen großen Höhepunkt. Der bisherige Glaubensweg der Jünger hat schon so manchen Erfolg und so manche Krise erlebt. Der Start in Kana schien sehr einfach und überzeugend: *Und seine Jünger glaubten an ihn* (Johannes 2,11). Dann meldeten sich immer wieder Zweifel an. In Kafarnaum kam es sogar zu einer Spaltung der Jünger. Einige verließen Jesus, Petrus hingegen betonte in dieser Stunde der Unsicherheit seine Treue zu Jesus. *Herr, zu wem sollen wir gehen? Du hast Worte des ewigen Lebens. Wir sind zum Glauben gekommen und haben erkannt: Du bist der Heilige*

Gottes (Johannes 6,67–69). Auch für Petrus war damit nicht alles geklärt. Beim letzten Abendmahl, noch vor der großen Probe des Todes Jesu, stellt Jesus nicht ohne Grund auch an ihn die Anfrage: *Glaubt ihr jetzt?* (Johannes 16,31).

Johannes beschreibt, wie Menschen Schritt für Schritt zum Glauben kommen und das Auf und Ab des Glaubens erleben. Es überliefert die großen Glaubensbekenntnisse von Marta, Petrus, Andreas, Thomas, vom geheilten Gelähmten, dem geheilten Blindgeborenen, von der Samariterin am Jakobsbrunnen und deren Mitbewohnern. Diese Personen reichen uns mit ihrem Glaubensbekenntnis ein hilfreiches Seil und helfen uns, unseren eigenen Glauben zu reflektieren und in Worte zu fassen. Welches dieser Glaubensbekenntnisse ist für Sie das wichtigste, welches unverständlich? Welches sprechen Sie gerne nach?

▸ Bezeichnen Sie mit dem Apostel Andreas (Johannes 1,41), der Frau am Jakobsbrunnen (Johannes 4,29) oder mit Marta (Johannes 11,27) Jesus gerne als Messias?

▸ Können Sie wie Natanael schon nach einer ersten Begegnung sagen: *Rabbi, du bist der Sohn Gottes, du bist der König Israels!* (Johannes 1,49)?

▸ Oder bevorzugen Sie die Bezeichnung Prophet, wie sie die Frau am Jakobsbrunnen (Johannes 4,19) verwendet hat?

▸ Wagen Sie Jesus als Sohn Gottes anzureden, wie es Marta (Johannes 11,27), Petrus (Matthäus 16,16) oder der römische Hauptmann (Markus 15,39) aus tiefstem Herzen getan haben?

▸ Können Sie wie die Jünger auch mitten in der Bedrängnis des letzten Abendmahles betonen: *Darum glauben wir, dass du von Gott gekommen bist* (Johannes 16,30)?

▸ Reihen Sie sich zu jenen ein, die mit dem Apostel Thomas nach einer Zeit des Zweifelns den Glauben mit den Worten: *Mein Herr und mein Gott* (Johannes 20,28) flüstern können?

‣ Oder lieben Sie es, mit dem geheilten Blindgeborenen einfach zu sagen: *Ich glaube!* (Johannes 9,38)?

‣ Können Sie wie die Bewohner Samariens auf eigene Glaubenserfahrungen hinweisen und ganz selbstverständlich in einem Gespräch zu anderen sagen: *Nicht mehr aufgrund deiner Aussage glauben wir, sondern weil wir ihn selbst gehört haben und nun wissen: Er ist der Retter der Welt* (Johannes 4,42)?

‣ Können Sie wie Ijob sogar nach einer langen Zeit des Leides und tiefster Not zu Gott beten: *Vom Hörensagen nur hatte ich von dir vernommen; jetzt aber hat mein Auge dich geschaut* (Ijob 42,5)?

Vergleich mit den anderen Evangelien

Die ausführliche Beschreibung der Totenerweckung des Lazarus fehlt bei den Synoptikern. Diese berichten von zwei weiteren Totenerweckungen, eines jungen Mannes im Dorf Naïn und der Tochter des Synagogenvorstehers Jaïrus. Die Ereignisse im Haus des Jaïrus weisen einige Parallelen zum Geschehen in Betanien auf. Viele Menschen sind zusammengekommen, um die Toten zu beklagen. Jesus spricht die Toten mit einem wirkmächtigen Wort an: *Er fasste das Kind an der Hand und sagte zu ihm: Talita kum!* (Markus 5,41). Die Auferweckung des Lazarus geschieht vor den Augen der Öffentlichkeit, jene der Tochter des Jaïrus im geschützten Haus in Anwesenheit einzig der Eltern und der drei Jünger Petrus, Jakobus und Johannes. Die Leute in Naïn erkennen sofort, dass Jesus nicht aus eigener Kraft, sondern im Namen Gottes wirkt: *Alle wurden von Furcht ergriffen; sie priesen Gott und sagten: Ein großer Prophet ist unter uns aufgetreten. Gott hat sich seines Volkes angenommen* (Lukas 7,16).

Das besondere Wort

Endlich einer
Endlich einer, der sagt: Du gehörst dazu!
und der mich nicht ständig spüren lasst,
dass ich störe und verschwinden soll.

Endlich eine, die mir zuhört und mir nicht dauernd Vorwürfe
macht, wenn ich etwas zweimal oder öfter erzähle.

Endlich einer, der gut über mich redet
und nicht ständig darauf wartet, dass ich einen Fehler mache.

Endlich eine, die ganz selbstverständlich
ein Stück mit mir geht,
und nicht nur sagt: Das schaffst du sowieso nicht.

Endlich einer, der mit mir teilt
und nicht immer nur den eigenen Vorteil sucht.

Endlich eine, die mich besucht und nicht nur kluge Ratschläge
macht, wo ich hingehen soll und was mir alles fehlt.

Endlich einer, der für mich betet
und nicht nur nach dem Motto lebt:
Da kann man nichts machen. Da nützt nichts mehr.

Er begann, den Jüngern die Füße zu waschen

Beispielhafte Fußwaschung
Johannes 13,1–15

Im Osttiroler Dorf Obermauern malte vor 500 Jahren der Südtiroler Künstler Simon von Taisten einen großen Bilderzyklus zum Leben Jesu. Das Bild vom Abendmahl gefällt mir besonders gut. Wir sehen dort Jesus mit seinen Jüngern um einen großen Tisch versammelt, der Lieblingsjünger Johannes liegt an seiner Seite. Fürs Mahl stehen Wein, Brot und auch ein Lamm bereit. Die große Besonderheit des Abendmahlbildes liegt darin, dass Jesus gleich zweimal zu sehen ist: zunächst als derjenige, der den Jüngern Brot und Wein reicht, und dann als der Meister, der dem Apostel Petrus die Füße wäscht. Beim Betrachten des Bildes habe ich mich oft gefragt, warum Simon von Taisten für die zwei Szenen nicht zwei getrennte Bilder gemalt hat. Ich vermute, dass der Maler absichtlich ein Doppelbild entworfen hat und damit aufzeigen wollte, dass die heilige Messe und der Dienst der Fußwaschung wie die zwei Seiten einer Medaille zusammengehören.

Es empfiehlt sich, bei der Beschreibung der Fußwaschung und des gesamten Abendmahles in Johannes 13–17 genau zu schauen, was Jesus tut und wie sich die Jünger verhalten. Ein aufmerksamer Blick auf die vielen zusätzlichen Hintergrundinformationen des Johannesevangeliums hilft, die großen Zusammenhänge hinter den Kulissen zu erahnen. Wer hat entschieden, dass alles so kommt? Der Vater im Himmel? Jesus selbst? Der Teufel? Die Hohepriester? Ist alles nur blinder Zufall?

Fußwaschung als Liebe ohne Widerruf

Es war vor dem Paschafest. Jesus wusste, dass seine Stunde gekommen war, um aus dieser Welt zum Vater hinüberzugehen. Da er die Seinen, die in der Welt waren, liebte, erwies er ihnen seine Liebe bis zur Vollendung. Es fand ein Mahl statt, und der Teufel hatte Judas, dem Sohn des Simon Iskariot, schon ins Herz gegeben, ihn zu verraten und auszuliefern. Jesus, der wusste, dass ihm der Vater alles in die Hand gegeben hatte und dass er von Gott gekommen war und zu Gott zurückkehrte, stand vom Mahl auf, legte sein Gewand ab und umgürtete sich mit einem Leinentuch. Dann goss er Wasser in eine Schüssel und begann, den Jüngern die Füße zu waschen und mit dem Leinentuch abzutrocknen, mit dem er umgürtet war.

Als er ihnen die Füße gewaschen, sein Gewand wieder angelegt und Platz genommen hatte, sagte er zu ihnen: Begreift ihr, was ich an euch getan habe? Ihr sagt zu mir Meister und Herr, und ihr nennt mich mit Recht so; denn ich bin es. Wenn nun ich, der Herr und Meister, euch die Füße gewaschen habe, dann müsst auch ihr einander die Füße waschen. Ich habe euch ein Beispiel gegeben, damit auch ihr so handelt, wie ich an euch gehandelt habe.

Johannes 13,1–5.12–15

Mit Kapitel 13 beginnen im Johannesevangelium das Abschiedsmahl und die Abschiedsreden Jesu im engsten Kreis seiner Jünger. Zuvor hat Jesus öffentlich Bilanz über seine bisherige Tätigkeit und über die Verstockung der Menschen gezogen (Johannes 12,37–50). Jetzt befindet er sich zwar im geschützten Raum eines Hauses, kapselt sich aber dennoch nicht ab, sondern hat weiterhin *die Seinen, die in der Welt waren,* im Blick. Obwohl er realistisch eingestehen muss, dass ihn die Seinen nicht aufnahmen (vgl. Johannes 1,11; der Ausdruck „die Seinen" kommt nur in Johannes 1,11 und 13,1 vor), bleibt er seiner Liebe zu ihnen bis zur letzten Stunde seines irdischen Lebens treu. Seine Liebe ist und bleibt eine „Liebe ohne Widerruf" (Bischof Reinhold Stecher).

Jetzt ist sie da, die große Stunde, die bei der Hochzeit zu Kana erstmals angekündigt wurde. Beim Aufenthalt Jesu in Jerusalem im Rahmen des Laubhüttenfestes strebte der Hohe Rat die Gefangennahme Jesu an, aber damals war die Zeit noch nicht reif (Johannes 7,30). Nach der Auferweckung des Lazarus erklärt Jesus öffentlich, dass nun diese Stunde beginnt: *Jetzt ist meine Seele erschüttert. Was soll ich sagen: Vater, rette mich aus dieser Stunde? Aber deshalb bin ich in diese Stunde gekommen* (Johannes 12,27). Die Informationen am Beginn des letzten Abendmahles zeigen einen souveränen Jesus, der ganz genau weiß, dass jetzt die Stunde gekommen ist, für die der Vater ihm alles in die Hand gegeben hat und in der er zu Gott zurückkehrt. Gerade aufgrund dieses Wissens setzt er das unverkennbare Zeichen der Fußwaschung, das zu Recht als sein Testament bezeichnet werden kann.

Jesus wird von einem seiner beim Abendmahl anwesenden Jünger verraten. Wie ist dies möglich? Das Johannesevangelium erklärt das Handeln des Judas mit dem Wirken des Teufels: *Der Teufel hatte Judas, dem Sohn des Simon Iska-*

riot, schon ins Herz gegeben, ihn zu verraten und auszuliefern.
Es ist wie ein Wortspiel, wenn im Bibeltext betont wird, dass
Judas den ausliefert (wörtlich „übergibt"), der weiß, dass ihm
der Vater alles in die Hände gegeben hat. Ohne es moralisch
oder theologisch zu bewerten, hebt Johannes das Faktum
hervor, dass Judas Jesus unter dem Einfluss des Teufels (vgl.
auch Johannes 13,27) übergibt. Judas wird damit zu einem
Glied in der verhängnisvollen Kette des Übergebens und
Überlieferns: Jesus wird den Juden übergeben, die ihn später
dem Pilatus übergeben, welcher ihn am Schluss des Prozesses
wieder den Juden übergibt, damit er gekreuzigt wird.

Nach den großen theologischen Reflexionen am Beginn des
Abendmahlberichtes ändert Johannes den Sprachstil und
schildert die Fußwaschung mit schlichten Worten: Jesus
steht vom Mahl auf, er legt das Gewand ab, wäscht den Jüngern die Füße, trocknet sie mit seinem Leinentuch, zieht sein
Gewand wieder an und setzt sich in die Reihe der Jünger.
Normalerweise fand die Fußwaschung vor dem Gastmahl
statt, damit die Gäste den Staub der Straße abwaschen und
sich erfrischen können. Da hier ausdrücklich betont wird,
dass die Fußwaschung während des Mahles geschieht, wird
diese Handlung in ihrer Wichtigkeit unterstrichen und wohl
auch eine Parallele zwischen der Fußwaschung und den Ein-
setzungsworten in den anderen Evangelien hergestellt.

Fußwaschung als Zeichen der Gemeinschaft und Gastfreundschaft

Meist wird die Fußwaschung als Sklavendienst gedeutet,
mit dem sich Jesus zum größten Diener macht: Er bückt
sich, berührt Verkrustetes und Verstaubtes und setzt damit

wenige Stunden vor seinem Tod eine schlichte Tat der Güte und Zärtlichkeit.

Gegenseitige Fußwaschung ist wohl auch ein Zeichen der Gemeinschaft und dessen, dass wir gegenseitig Anteil am Leben geben und nehmen. Vielleicht deutet der ausdrückliche Hinweis auf das Leinentuch, mit dem sich Jesus zunächst umgürtet und mit dem er dann die Jünger abtrocknet, auf das Anteilgeben hin.

Petrus verweigert zunächst die Fußwaschung. Nachdem er verstanden hat, dass darin sogar die Schicksalsgemeinschaft mit Jesus zum Ausdruck kommt, bittet er um das Waschen nicht nur der Füße, sondern auch der Hände und des Hauptes. Er will von oben bis unten in Verbindung mit Jesus bleiben.

Gelegenheit zur Fußwaschung zu geben, war in der Gesellschaft des alten Orients ein Gebot der Gastfreundschaft. Die Bibel erzählt mehrfach von diesem aufmerksamen Dienst. So begrüßt Abraham bei den Eichen von Mamre seine geheimnisvollen drei Gäste mit den Worten: *Man wird etwas Wasser holen; dann könnt ihr euch die Füße waschen und euch unter dem Baum ausruhen* (Genesis 18,3). Lot lädt am Stadttor von Sodom die zwei Engel ein, bei ihm die Füße zu waschen und zu übernachten (Genesis 19,2). Auch Isaak (Genesis 24,32) und den Brüdern Josefs (Genesis 43,24) wird Wasser zum Waschen der Füße gereicht. Abigajil empfängt die Boten König Davids und bietet ihnen die Fußwaschung an (1 Samuel 25,41). Jesus verteidigt im Haus des Pharisäers Simon eine Sünderin, indem er ihre Tat lobt und dem Handeln des Gastgebers gegenüberstellt: *Als ich in dein Haus kam, hast du mir kein Wasser zum Waschen der Füße gegeben; sie aber hat ihre Tränen über meinen Füßen vergossen und sie mit ihrem Haar abgetrocknet* (Lukas 7,44). Laut 1 Timotheus 5,10 wurde eine Frau nur dann in den ehrwürdigen Stand der Witwen aufgenommen, *wenn sie gastfreundlich gewesen ist und den Heiligen die Füße gewaschen hat.*

Im Gegensatz zu diesen wohltuenden Diensten an anderen Menschen ist das Händewaschen des Pilatus ein Ablenkmanöver und ein egoistisches Zeichen, mit dem er sich selbst verteidigen und rechtfertigen wollte.

Jesus feiert mit all seinen Jüngern das Abendmahl, obwohl er ihre Schwächen sehr genau kennt. Er wirft weder Petrus noch Judas aus dem Abendmahlsaal hinaus. Ganz im Gegenteil, gerade deswegen, weil er um ihr baldiges Tun weiß, zeigt er ihnen seine Liebe ohne Widerruf und ringt bis zuletzt um sie. Ist dieses Verhalten verständlich, ist es sinnvoll, ist es gar göttlich?

Ich habe euch ein Beispiel gegeben

In der Fußwaschung Jesu zeigt sich ein typischer Zug des Johannesevangeliums. Dieses enthält keine großen moralischen Ansprachen, in denen Jesus die zentralen Regeln einer gerechten Gesellschaft aufzählt (z. B. Bergpredigt in Matthäus 5–7), sondern schildert beispielhafte Taten Jesu. Das Beispiel Jesu genügt und soll Kreise ziehen: *Ich habe euch ein Beispiel gegeben, damit auch ihr so handelt, wie ich an euch handle.* Damit wird die Fußwaschung nicht nur spürbarer Ausdruck der Liebe Jesu, sondern auch Vorbildhandlung für die Jünger. Die Fußwaschung wurde zu Recht tausendfach in der Kunst dargestellt und hat unzählige Menschen zu einem schlichten Dienst an den anderen motiviert. Wir dürfen diese Wirkung nicht beiseitelegen und wie Pilatus zur Tagesordnung übergehen.

Der Dienst der Fußwaschung ist kein Karriere-Sprung-brett, sondern das treue und stille Miteinander von Menschen, die vielleicht sogar stinken oder mit denen niemand etwas zu tun haben will. Gerade deswegen wird die Fußwaschung zu Recht als „Sakrament vor der Kirchentür" oder „Sakrament auf der Straße" bezeichnet. Wie wohltuend ist dieser Dienst für unsere Welt! Es ist der Dienst der Krankenschwester, das verlässliche Dasein in Not oder die Grundhaltung, andere Menschen zu stärken und nicht mit Kopfwäsche niederzumachen.

Der Jesuit Andreas Falkner hat mir vor Jahren seine konkreten Erfahrungen mit Fußwaschung erzählt. Er hatte damals einen älteren Mitbruder, der sich nicht mehr bücken konnte und somit beim Waschen der Füße große Mühe hatte. Dieser fragte ihn eines Tages, ob er ihm nicht einmal pro Woche die Füße pflegen könne. Der ältere Mitbruder betonte dabei, dass ihm die Bitte nicht leichtfalle und er in ihm eine Person des Vertrauens ausgesucht habe. So haben sich die beiden über Jahre hindurch bis zum Tod des alten Mitbruders einmal pro Woche getroffen: Zuerst wurden die Füße im warmen Wasser eingeweicht, dann hat Andreas Falkner dem Mitbruder die Nägel geschnitten, die Füße gepflegt und auch etwas massiert. Nach diesem wöchentlichen Fußbad, bei dem sie auch Zeit zum Reden hatten, war der Mitbruder wieder frisch und gut bei Fuß. Andreas Falkner leitet von dieser langjährigen Erfahrung ab: Fußwaschung heißt jemandem helfen, dass er wieder gut bei Fuß ist und die Blasen des Lebens einen nicht ständig plagen. Hat Jesus seinen Jüngern auch deswegen die Füße gewaschen, damit sie die kommenden schwierigen Stunden seines Leidens und Sterbens halbwegs überstehen und nicht „fußmarod" werden?

Niemals sollst du mir die Füße waschen

Als er zu Simon Petrus kam, sagte dieser zu ihm: Du, Herr,
willst mir die Füße waschen? Jesus antwortete ihm: Was ich
tue, verstehst du jetzt noch nicht; doch später wirst du es be-
greifen. Petrus entgegnete ihm: Niemals sollst du mir die Füße
waschen! Jesus erwiderte ihm: Wenn ich dich nicht wasche,
hast du keinen Anteil an mir. Da sagte Simon Petrus zu ihm:
Herr, dann nicht nur meine Füße, sondern auch die Hände und
das Haupt. Jesus sagte zu ihm: Wer vom Bad kommt, ist ganz
rein und braucht sich nur noch die Füße zu waschen. Auch ihr
seid rein, aber nicht alle. Er wusste nämlich, wer ihn verraten
würde; darum sagte er: Ihr seid nicht alle rein.

Johannes 13,6–11

Warum verweigert Petrus den Dienst der Fußwaschung?
Findet er es unangebracht, dass sein Herr und Meister sich
vor ihm bücken muss? Merkt er, dass er damit endgültig
in die Schicksalsgemeinschaft mit Jesus hineinkommt? Will
er nicht aus seiner gewohnten Rolle herausfallen und sich
am besten überhaupt nicht verändern? In der Darstellung
des Bildes von Obermauern greift sich Petrus sogar auf
den Kopf. Das kann bedeuten, dass er Jesu Handeln nicht
versteht, vielleicht sogar, dass er Jesus den Vogel zeigt: „Du
spinnst, wenn du so handelst!" Durch Jesu Konsequenz gelingt dann doch die Wandlung. Nach zweimaligem Verwei-
gern bittet er Jesus nicht nur ums Waschen der Füße, sondern um ganzheitliche Reinigung und Stärkung und damit
ganze Teilhabe und tiefe Gemeinschaft mit Jesus.

Den meisten Menschen fällt es schwer, andere um etwas
zu bitten und ihre Hilfsbedürftigkeit auszudrücken. Ver-
trauter sind folgende Gedanken: „Nein, nein, ich will nichts
von dir. Ich kann alles selber. Das geht doch nicht! Was
werden die anderen denken?" Petrus beginnt das Abend-

mahl mit dieser Einstellung. Seine Fähigkeit, die Meinung zu ändern, und die Hartnäckigkeit Jesu können und sollen uns ein großes Vorbild sein. Wohl auch deswegen berichtet Johannes detailliert vom Verhalten des Petrus bei der Fußwaschung.

Vergleich mit den anderen Evangelien

Markus, Matthäus und Lukas berichten, dass Jesus im Rahmen eines Paschamahles Brot und Wein nimmt, seinen Jüngern reicht und diese Gaben in neuer Form deutet: *Nehmt und esst, das ist mein Leib. … Trinkt alle daraus; das ist mein Blut, das Blut des Bundes, das für viele vergossen wird zur Vergebung der Sünden* (Matthäus 26,26–28). Diese Worte fehlen im Johannesevangelium. Dort finden wir an deren Stelle die Schilderung der Fußwaschung. Im Blick auf alle vier Evangelien wird diese damit zu einem zentralen Erklärungsschlüssel für ein Leben mit und aus der heiligen Messe. Die Fußwaschung lädt ein, bei der heiligen Messe uns wie Petrus in vertrauende Menschen wandeln zu lassen und die Schicksalsgemeinschaft mit Jesus zu wagen. Sie erinnert, dass Menschen in der Nachfolge Jesu dienende Menschen sind. Wir benötigen vor Gott und den Menschen nicht das Ablenkungsmanöver des Pilatus, der einzig sich selbst wäscht und sich für andere keinen Finger schmutzig macht.

Die Fußwaschung ergänzt und korrigiert die Feier der heiligen Messe, damit diese nicht einseitig wird. Christlicher Gottesdienst darf keine Weltflucht und kein Gruppenegoismus werden. Wenn wir beim Gebet nur an uns denken und nur für uns beten, dann ist etwas faul. Die Frage „Was bringt mir die heilige Messe?" klingt im Blick auf die

Fußwaschung sofort einseitig und muss verändert werden in: „Wie kann mich die heilige Messe stärken und ermutigen, damit ich ein Mensch der Fußwaschung bin?"

Das besondere Wort

Wenn ich jemandem die Füße wasche, muss ich mich klein machen, um mit ihm auf Augenhöhe zu stehen.
Wenn ich jemandem die Füße wasche, werde ich behutsam sein, um nicht in Wunden zu rühren.
Wenn ich jemandem die Füße wasche, kann ich auch den Staub spüren, der sich nicht so leicht abschütteln lässt.
Wenn ich jemandem die Füße wasche, werde ich jene Spuren erkennen, die steinige Wege hinterlassen haben.
Wenn ich jemandem die Füße wasche, erweise ich ihm Achtung und Anerkennung.
Wenn ich jemandem die Füße wasche, soll er leichter wieder gehen, als er gekommen ist.
Wenn wir einander die Füße waschen, dann in dem Sinn, wie Jesus Christus es gemeint hat.

Quelle unbekannt

Der Heilige Geist wird euch alles lehren

Der Heilige Geist als Paraklet
Johannes 14,16–26 / Johannes 15,26–27 / Johannes 16,7–13

Wer in Innsbruck wohnt, kann sofort erzählen, was ein Föhntag bedeutet: Der Wind saust mit bis zu 130 Kilometern pro Stunde vom Brenner kommend in Richtung Inntal. Nicht nur die Bäume werden hin und her geschüttelt, so manches fliegt in der Luft herum. Viele Menschen fühlen sich müde, einige haben Kopfweh. Auf den Straßen geht's weniger konzentriert, dafür aber leicht gereizt zu. Sogar mitten im Winter kann es an einem Föhntag bis zu 20 Grad haben, der Schnee schmilzt dahin. Nach den Föhntagen ist die Luft klar und sauber.

Obwohl viele Menschen mit dem Föhn Verunsicherung oder sogar Belastung verbinden, möchte ich das Bild dieses Fallwindes in Tirol aufgreifen und ihn mit dem Wirken des Heiligen Geistes vergleichen. Auch beim Heiligen Geist geht es nicht nur um ein sanftes süßes Säuseln oder eine angenehme Brise, die mir zart um das Gesicht weht. Wie das Johannesevangelium mehrfach berichtet, ist der Heilige Geist eine starke und auch unberechenbare Kraft.

Zunächst eine inhaltliche Klärung. Ausgehend vom Geist Gottes, der bereits am Beginn der Schöpfung über dem Wasser schwebt, spricht die Bibel hundertfach vom Geist Gottes und vom Heiligen Geist. Dieser ist eine Gabe Gottes, erfüllt die Welt und wirkt vielfältig in uns Menschen. Er gibt Mut, stärkt und schenkt die Kraft, geistvolle Entscheidungen zu treffen und im Namen Gottes aufzutreten. Das Johannesevangelium kennt neben dem Ausdruck Geist (griechisch „pneuma") noch die Bezeichnung Paraklet. Paraklet kann mit „der Herbeigerufene", speziell „der zur Hilfe und Unterstützung Herbeigerufene" übersetzt werden. Die Einheitsübersetzung der Bibel verwendet dafür das Wort „Beistand". In der griechischen Literatur außerhalb des Neuen Testaments ist mit Paraklet meist ein Anwalt oder Fürsprecher gemeint.

Die Abschiedsgespräche Jesu beim letzten Abendmahl enthalten vier Parakletworte (Johannes 14,16.26; 15,26; 16,7), in denen Jesus den Jüngern nicht nur für die kommende schwere Zeit, sondern für alle Zukunft Trost und Hilfe zusagt. Der Paraklet unterstützt die Jünger innerhalb ihrer Gemeinschaft und stärkt sie nach außen im Umgang mit der Welt und so manchen Gefahren. Der verheißene Paraklet ist nicht nur irgendeine Hilfe, sondern trägt geradezu personale Züge. Er lässt sich durchaus mit einem Anwalt oder Fürsprecher vergleichen.

Der Heilige Geist ist unberechenbar wie der Wind und weht, wo er will

Der Wind weht, wo er will; du hörst sein Brausen, weißt aber nicht, woher er kommt und wohin er geht. So ist es mit jedem, der aus dem Geist geboren ist.

Johannes 3,8

Unser Tiroler Föhn lässt sich nicht einsperren oder reguliert in kleinen Portionen ablassen. Nein, er bleibt auch im 21. Jahrhundert unberechenbar und deckt sogar stabile Dächer ab.

Und der Heilige Geist? Viele Menschen tun sich mit ihm schwer. Sie sagen, dass der irdische Jesus für sie ein klares Gesicht hat und sie Gott als den Schöpfer der Welt verehren und ihm in der Natur begegnen. Aber wie sollen wir uns den Heiligen Geist vorstellen? Noch dazu einen Geist, der aufwirbelt und Erstarrtes durcheinanderbläst? Wir hätten oft lieber einen Heiligen Geist in dosierten Portionen, den wir wie eine Gaskartusche einsetzen und aufdrehen können, wann und wo wir wollen. Alles soll nach unseren Plänen laufen und deshalb darf auch Gottes Geist keine Unruhe in unser Leben bringen. Zum Glück hält sich Gottes Geist nicht an unsere Vorschriften und ist viel größer und stärker als unsere oft geistlosen und kleinkarierten Strategien.

Der Heilige Geist und der Wind reinigen

Doch ich sage euch die Wahrheit: Es ist gut für euch, dass ich fortgehe. Denn wenn ich nicht fortgehe, wird der Beistand nicht zu euch kommen; gehe ich aber, so werde ich ihn zu euch senden. Und wenn er kommt, wird er die Welt überführen (und aufdecken), was Sünde, Gerechtigkeit und Gericht ist; Sünde: dass sie nicht an mich glauben; Gerechtigkeit: dass ich zum Vater gehe und ihr mich nicht mehr seht; Gericht: dass der Herrscher dieser Welt gerichtet ist. Noch vieles habe ich euch zu sagen, aber ihr könnt es jetzt nicht tragen. Wenn aber jener kommt, der Geist der Wahrheit, wird er euch in die ganze Wahrheit führen. Denn er wird nicht aus sich selbst heraus reden, sondern er wird sagen, was er hört, und euch verkünden, was kommen wird.

Johannes 16,7–13

An einem Föhntag fliegt in Innsbruck viel Abfall herum. Der Wind bläst an meinem Hauseingang die Blätter der Bäume und den Müll zusammen, sodass kleine Haufen entstehen. Dann ist es klug, diese sofort zu entsorgen, bevor sie der nächste Windstoß wieder auseinanderwirbelt. Wie wäre die Luft in Innsbruck, wenn wir den Föhn nicht hätten? Wie viel Stickiges würde wie eine dichte Glocke über der Stadt hängen und uns das Atmen erschweren?

Die Umgangssprache stellt Verbindungen zwischen dem Smog in der Luft und dem menschlichen Miteinander her: „Hier herrscht stickige Luft. Es drückt einen regelrecht nieder. Ich kann nicht mehr richtig atmen. Öffnet endlich die Fenster! Schaut, dass frische Luft hereinkommt!" Wahrlich, Menschen mit schlechter Gesinnung verbreiten schlechte Luft um sich und vergiften jede gute Stimmung!

Diese Phänomene wecken in mir die Sehnsucht nach der reinigenden Kraft des Heiligen Geistes. Dieser möge den Dreck- und Sündensmog unserer Gemeinschaften wegtreiben. Damit wir vom Schmutz der Belastungen und Sünden befreit werden, müssen diese zunächst freigelegt werden. Das Offenlegen setzt einen Prozess der Klärung und Läuterung voraus. Und wenn der Paraklet *kommt, wird er die Welt überführen (und aufdecken), was Sünde, Gerechtigkeit und Gericht ist.* All das kann auch schmerzhaft sein. So gilt das Hilfspaket Paraklet als Trost und Hilfe besonders jenen, die bei Problemen nicht den Kopf in den Sand stecken, sondern stets gute Lösungen suchen. Manche Menschen müssen im Einsatz um Gerechtigkeit verschiedenste Nachteile befürchten. Wer hat in solchen Stunden nicht gerne einen Anwalt und Fürsprecher an seiner Seite?

Der Paraklet hilft zur „Unterscheidung der Geister", um im Wirrwarr der Meinungen und Gefühle das Richtige zu finden. *Wenn aber jener kommt, der Geist der Wahrheit, wird er euch in die ganze Wahrheit führen.* Diese Zusage hilft, der Wahrheit zu trauen und sie unermüdlich zu suchen. Wie gut, dass es den Geist der Wahrheit gibt, der uns zu einem klaren Urteil verhilft, so manche Fassade freilegt, größere Zusammenhänge aufleuchten lässt und für Weitsicht sorgt.

Es zahlt sich aus, sowohl in Zeiten der Ruhe als auch in Zeiten des Sturmes um den Geist der Wahrheit zu beten.

Wie können wir den Heiligen Geist und den Wind nützen?

Und ich werde den Vater bitten und er wird euch einen anderen Beistand geben, der für immer bei euch bleiben soll. Es ist der Geist der Wahrheit, den die Welt nicht empfangen kann, weil sie ihn nicht sieht und nicht kennt. Ihr aber kennt ihn, weil er bei euch bleibt und in euch sein wird. Ich werde euch nicht als Waisen zurücklassen, sondern ich komme wieder zu euch. Wenn jemand mich liebt, wird er an meinem Wort festhalten; mein Vater wird ihn lieben und wir werden zu ihm kommen und bei ihm wohnen. Wer mich nicht liebt, hält an meinen Worten nicht fest. Und das Wort, das ihr hört, stammt nicht von mir, sondern vom Vater, der mich gesandt hat. Das habe ich zu euch gesagt, während ich noch bei euch bin. Der Beistand aber, der Heilige Geist, den der Vater in meinem Namen senden wird, der wird euch alles lehren und euch an alles erinnern, was ich euch gesagt habe.

Johannes 14,16–18.23–26

Auto- und Flugzeugexperten, Energiefachleute und Sportler haben ein großes Wissen, um den Wind zu nützen und die Segel bei Gegenwind richtig zu stellen. Sie kennen sich in der Dynamik der Luftströmungen aus.

Die Bibelworte wollen uns helfen, Gottes Geist zu nützen und unsere inneren Segel so zu stellen, dass wir im Leben nicht nur hin und her gewirbelt werden, sondern zielstrebig vorankommen. Sie bieten uns Lebensbeispiele, wie Menschen vor uns Gottes Geist erfahren haben und dann Unmögliches geleistet haben. Einige Beobachtungen aus dem Johannesevangelium sollen hier aufgegriffen werden, damit auch wir ein Leben mit dem Heiligen Geist wagen und uns nicht in unser Schneckenhaus verkriechen.

Zunächst ist beruhigend, dass Gottes Geist nicht nur einigen Auserwählten zugesagt ist, sondern allen Menschen, die lieben. Wir können seine Kraft an allen Orten oder zu jeder Zeit finden, da Gottes Geist uns näher ist als wir uns selbst. Jesus betont, dass der Paraklet „mit", „in" und „bei" den Jüngern und Jüngerinnen sein wird, und zwar für immer: *Und ich werde den Vater bitten und er wird euch einen anderen Beistand geben, der für immer bei euch bleiben soll. Ihr aber kennt ihn, weil er bei euch bleibt und in euch sein wird.* Somit ist klar: Wir müssen Gottes Geist nicht auf den fernsten Inseln suchen, sondern in uns selbst. Wenn wir liebende Menschen sind, dann zeigt er sich in unseren Gefühlen und motiviert uns zu begeisterten Taten.

Gottes Geist beginnt nicht bei null und verlangt auch von uns nicht, dass wir täglich alles neu erfinden. Er hält die seit zweitausend Jahren bewährte Lehre und Botschaft Jesu lebendig, er erinnert an sie, interpretiert sie und aktualisiert sie in die heutige Zeit hinein. *Der Beistand aber, der Heilige Geist, den der Vater in meinem Namen senden wird, der wird euch alles lehren und euch an alles erinnern, was ich euch gesagt habe.* Der von Jesus herbeigerufene Paraklet tut dies nicht nur ein bisschen oder ab und zu, sondern will uns alles lehren und uns in die ganze Wahrheit führen (Johannes 16,13).

Nicht zuletzt betont Jesus beim letzten Abendmahl, dass wir um den Heiligen Geist beten sollen. Jesus verspricht, dass er sich selbst in seinen Gebeten beim Vater für uns einsetzen wird. Er redet nicht nur, sondern schließt das Gespräch im Abendmahlsaal mit einem langen Fürbittgebet für uns Menschen ab. Das motiviert, dass auch wir immer neu den Paraklet herbeirufen, im Gebet den Kontakt zu Gott pflegen und dadurch die Erinnerung an Jesus wach halten. Wir müssen dabei nicht Höchstleistungen vollbringen, da uns der Auferstandene bei jedem Gebet neu anhaucht: *„Empfanget den Heiligen Geist"* (Johannes 20,22). Wenn dieser Geist in unser Herz eindringt, dann verschwindet der Smog, der sich allzu gern in uns breitmacht. Wir werden frisch und klar wie die Umgebung Innsbrucks nach einem Föhntag.

Der Föhn wird in Innsbruck wieder wehen. Der Heilige Geist ist uns zugesagt. Wie hilfreich und entlastend!

Der Paraklet und Jesus

Wenn aber der Beistand kommt, den ich euch vom Vater aus senden werde, der Geist der Wahrheit, der vom Vater ausgeht, dann wird er Zeugnis für mich ablegen. Und auch ihr sollt Zeugnis ablegen, weil ihr von Anfang an bei mir seid.

Johannes 15,26–27

Ein wesentliches Kennzeichen des Wirkens Jesu besteht darin, uns den Heiligen Geist zu vermitteln und zu spenden. Das eröffnet ganz neue Chancen. So unterstreicht Jesus beim Gespräch mit Nikodemus die Wichtigkeit, aus dem Geist neu geboren zu werden (Johannes 3,5–8). Er eröffnet der Samariterin am Jakobsbrunnen die Perspektive, den Vater im Wasser und im Heiligen Geist anzubeten (Johannes 4,21–24) und damit nicht mehr an Gebetsorte

gebunden zu sein. Im Rahmen des Laubhüttenfestes lädt
Jesus ein, den Geist Gottes zu „trinken": *Wer Durst hat,*
komme zu mir, und es trinke, wer an mich glaubt. Wie die
Schrift sagt: Aus seinem Inneren werden Ströme von leben-
digem Wasser fließen. Damit meinte er den Geist, den alle
empfangen sollten, die an ihn glauben; denn der Geist war
noch nicht gegeben, weil Jesus noch nicht verherrlicht war
(Johannes 7,37–39). Mit Jesu Tod wird uns dieser Geist
in vollendeter Weise geschenkt. Der Geist führt nach Jesu
Tod das fort, was Jesus in seinem irdischen Wirken begonnen hat.

Jesus verheißt beim letzten Abendmahl sowohl das
Kommen des Paraklets als auch sein erneutes Kommen zu
den Seinen: *Wenn ich gegangen bin und einen Platz für euch*
vorbereitet habe, komme ich wieder und werde euch zu mir
holen, damit auch ihr dort seid, wo ich bin (Johannes 14,3).
Nicht nur der Paraklet wird „mit", „bei" und „in" ihnen
sein, sondern auch er selbst. Wir sehen die enge Verbindung des Paraklets und des erhöhten Jesus, die über alle
Zeiten hinweg andauert. Durch den Parakleten bleibt der
Herr den Seinen nahe. *Seid gewiss: Ich bin bei euch alle Tage*
bis zum Ende der Welt (Matthäus 28,20).

Vergleich mit den anderen Evangelien

Unter den vier Evangelisten spricht einzig Johannes vom
Paraklet und gibt darin der unendlichen Kraft Gottes personale Züge. Neben Johannes betont auch Lukas mehrfach,
wie untrennbar das Leben Jesu mit dem Wirken des Heiligen Geistes zusammenhängt: Am Beginn seines Lebens
kommt der Heilige Geist über Maria und ermöglicht, dass
sie die Mutter Jesu wird. Der Heilige Geist steigt bei der

Taufe auf Jesus herab. Nach der Taufe führt der Geist Jesus in die Jordangegend und treibt ihn vierzig Tage in der Wüste umher.

Jesus betet im Heiligen Geist (Lukas 10,21) und lädt uns ein, ihm darin nachzufolgen. Das Gebet des Zacharias (Lukas 1,67) und des Simeon (Lukas 2,25–27) sind Beispiele, wie Menschen kraft des Heiligen Geistes staunend und weitblickend werden.

Wie Johannes so berichtet auch Lukas, dass Gott uns Menschen den Heiligen Geist verspricht. Wichtig ist einzig, dass wir Gott darum bitten: *Wenn nun schon ihr, die ihr böse seid, euren Kindern gebt, was gut ist, wie viel mehr wird der Vater im Himmel den Heiligen Geist denen geben, die ihn bitten* (Lukas 11,13). Wir bekommen von Gott keine schnellen Fertigprodukte oder kleine Vertröstungen, sondern den Heiligen Geist, und zwar gleichsam als Samen, durch den Großes wachsen kann.

Das besondere Wort

Atme in uns, Heiliger Geist

Atme in uns, Heiliger Geist, brenne in uns, Heiliger Geist,
wirke in uns, Heiliger Geist. Atem Gottes komm!
Komm, du Geist, durchdringe uns,
komm du Geist, kehr bei uns ein.
Komm, du Geist, belebe uns, wir ersehnen dich.

Atme in uns, Heiliger Geist, brenne in uns, Heiliger Geist,
wirke in uns, Heiliger Geist. Atem Gottes komm!
Komm, du Geist der Heiligkeit,
komm, du Geist der Wahrheit.
Komm, du Geist der Liebe, wir ersehnen dich.

Atme in uns, Heiliger Geist, brenne in uns, Heiliger Geist,
wirke in uns, Heiliger Geist. Atem Gottes komm!
Komm, du Geist, mach du uns eins,
komm, du Geist, erfülle uns.
Komm, du Geist, und schaff uns neu, wir ersehnen dich.

Text: J.-M. Morin;
dt. Übers.: T. Csanády, R. Ibounigg, Graz

Liebt einander, wie ich euch geliebt habe!

Was hat Jesus Neues in die Welt gebracht?
Johannes 15,1–17

Im Rahmen meiner Ausbildung zum Religionslehrer machte ich an einem Tiroler Gymnasium ein einmonatiges Schulpraktikum. Dabei habe ich aufmerksam mitverfolgt, wie der Religionslehrer den Unterricht gestaltet. Einmal saß ich im Klassenzimmer in der letzten Reihe hinter zwei Schülern, die kein Interesse hatten. Plötzlich stellte der Lehrer an einen der beiden eine Frage. Da dieser nicht einmal die Frage gehört hatte, konnte er verständlicherweise keine Antwort geben. So flüsterte ihm sein Mitschüler zu: „Antworte einfach Liebe. Das passt in Religion immer. Dann ist der Religionslehrer zufrieden."

Dieses und ähnliche Erlebnisse motivieren mich, bei Gesprächen über die Liebe genau hinzuhören, was einzelne Menschen damit meinen. Manchmal ist es ein ehrliches Suchen mit Worten und Taten für diese geheimnisvolle Kraft unseres Lebens, manchmal ist es ein leeres Gerede mit der Oberflächlichkeit der vorher genannten Schülermeldung.

Wie steht es mit Jesu Worten zur Liebe? Was kann es bedeuten, dass das Verbum „lieben" (griechisch „agapein")

allein in den Abschiedsreden Jesu in Johannes 13–17 fünfundzwanzig Mal vorkommt?

Wie ich euch geliebt habe

Wie mich der Vater geliebt hat, so habe auch ich euch geliebt.
Bleibt in meiner Liebe! Wenn ihr meine Gebote haltet, werdet
ihr in meiner Liebe bleiben, so wie ich die Gebote meines
Vaters gehalten habe und in seiner Liebe bleibe. Dies habe ich
euch gesagt, damit meine Freude in euch ist und damit eure
Freude vollkommen wird. Das ist mein Gebot: Liebt einander,
so wie ich euch geliebt habe. Es gibt keine größere Liebe, als
wenn einer sein Leben für seine Freunde hingibt.
Ihr seid meine Freunde, wenn ihr tut, was ich euch auftrage. Ich
nenne euch nicht mehr Knechte; denn der Knecht weiß nicht,
was sein Herr tut. Vielmehr habe ich euch Freunde genannt;
denn ich habe euch alles mitgeteilt, was ich von meinem Vater
gehört habe. Nicht ihr habt mich erwählt, sondern ich habe
euch erwählt und dazu bestimmt, dass ihr euch aufmacht und
Frucht bringt und dass eure Frucht bleibt. Dann wird euch der
Vater alles geben, um was ihr ihn in meinem Namen bittet. Dies
trage ich euch auf: Liebt einander!

Johannes 15,9–17

In Jesu Worten zur Liebe steckt eine revolutionäre Neuig-
keit. Es ist nicht die Intensität, mit der Jesus Liebe fordert.
Es ist auch nicht die Ausdruckskraft! Nein, das Neue liegt
in der Begründung: Wir Menschen sind deshalb zur Liebe
fähig und dürfen diese selbstlos weiterschenken, weil wir
von vornherein und ohne Vorbedingungen von Jesus geliebt
sind. Unsere Liebe ist Antwort auf die grenzenlose Liebe Jesu und seinen unendlichen Liebesvorschuss an jeden Menschen. Diese Begründung unterscheidet sich völlig vom Aufruf, wir sollen liebende Menschen sein, weil wir Christinnen

und Christen sind, weil wir uns besonders bemühen oder weil wir eine bessere Erziehung und bessere Vorbilder haben. Solche Argumente sind wichtig, aber für eine selbstlose Liebe ohne Widerruf zerbröckeln sie leider allzu schnell.

Während des Abendmahles hat Jesus schon zweimal in ähnlicher Form zum Handeln aufgerufen. Zur Fußwaschung fordert er mit den Worten auf: *Ich habe euch ein Beispiel gegeben, damit auch ihr so handelt, wie ich an euch gehandelt habe* (Johannes 13,15). Auch das neue Gebot wird mit seinem eigenen Handeln erklärt und motiviert: *Ein neues Gebot gebe ich euch: Liebt einander! Wie ich euch geliebt habe, so sollt auch ihr einander lieben* (Johannes 13,34). Das Wort „wie" lässt sich in diesen Beispielen nicht nur im vergleichenden Sinn, sondern auch mit „weil" im begründenden Sinn übersetzen. Weil ich euch geliebt habe, so sollt auch ihr einander lieben. Weil ich euch die Füße wasche, so sollt auch ihr es tun.

Für seine unendliche Liebe schöpft Jesus selbst aus einer unendlichen Quelle, die nie versiegt: *Wie mich der Vater geliebt hat, so habe auch ich euch geliebt.* Jesus kann demnach deshalb der größte Liebhaber aller Zeiten sein, weil seine Liebe im Vater verwurzelt ist. Er kann sich verschenken, weil er mit einem Vorschuss an Vertrauen und der Sendung durch den Vater startet. Er kann die Liebe leben, weil er die große Botschaft der Heiligen Schriften des Alten Testamentes ins Herz geschlossen hat. Schon die Zehn Gebote sind viel mehr als eine Aufzählung der wichtigsten Menschheitsregeln. Auch sie beginnen mit einer Begründung: *Ich bin Jahwe, dein Gott, der dich aus Ägypten geführt hat, aus dem Sklavenhaus* (Exodus 20,2). Weil Gott die Menschheit aus der Sklaverei ihrer Unterdrückungen und Feindseligkeiten herausführt und weil er will, dass sie freie Menschen bleiben, sollen sie die Gebote halten.

Liebe ist eine Tat-Sache

Liebe ist für Jesus nicht nur ein Gefühl, sondern eine Tat-Sache, die mit Taten zu tun hat. Deshalb verknüpft Jesus die Liebe ganz selbstverständlich mit seinen Geboten. Diese Gebote (Plural, vgl. auch Johannes 14,15.21) sind nicht als Höchstleistungssport zusätzlich zum einen, neuen Gebot gedacht, sondern als die tägliche Konkretisierung und Entfaltung des einen Hauptgebotes. Das Halten dieser Gebote wird zur Hilfe, damit die Liebe anhält und Bestand hat: *Wenn ihr meine Gebote haltet, werdet ihr in meiner Liebe bleiben, so wie ich die Gebote meines Vaters gehalten habe und in seiner Liebe bleibe.* Da Jesus hier von „meiner" Liebe, „meinen" Geboten und „meiner" Freude spricht, wird die untrennbare Verbindung mit seiner Person deutlich. Er weiß, dass wir alle seine Hilfe benötigen und auch große Persönlichkeiten nicht alles aus eigener Kraft schaffen. Kein Wunder also, dass Jesus nach der Auferstehung um die Liebe des Petrus wirbt und diese neu zu entflammen versucht. Jesus weiß, dass der starke Petrus auch schwach sein kann. Die dreimalige Frage *Liebst du mich* (Johannes 21,15.16.17) erinnert nicht nur an den dreimaligen Verrat durch Petrus, sondern unterstreicht, dass Liebe immer wieder einen Neustart benötigt.

Gerade der Blick auf Petrus hilft, dass wir uns in den Erwartungen an die Liebe nicht ständig überfordern. Leider bleibt unsere Liebe begrenzt, bruchstückhaft und zerbrechlich. Selbst wenn wir mit großen Vorsätzen und bestem Willen starten, gelingt vieles trotzdem nicht nach unseren Wünschen und Vorstellungen. Dies darf uns nicht entmutigen. Es gilt, täglich neu offen zu sein für die vielen Gelegenheiten zur Liebe und diese umzusetzen. Liebe ist eben eine Tat-Sache.

Jesu Liebe hat viel mit Freude zu tun und darf als Freude hineinstrahlen in unsere Welt. Gleichzeitig ist Jesu Zusage keine Garantie dafür, dass liebende Menschen immer Glück haben oder dass es ihnen jederzeit gut geht. Jesus selbst musste am eigenen Leib miterleben, dass seine Liebe nicht beantwortet, sondern sogar abgelehnt wird. Er hat in seinem Lebenswerk die größte Liebe gezeigt und sein Leben für seine Freunde hingegeben. Die Wendung *das Leben hingeben für* erinnert an die Aussagen vom guten Hirten, der sein Leben für die Schafe gibt (Johannes 10,11.15). Trotz der drohenden Gefahr seines gewaltsamen Todes fällt Jesus nicht in das alte Verhaltensmuster „Herr – Knecht" oder „oben – unten" zurück, sondern bleibt seiner befreienden Botschaft treu. Er hat uns nicht als Sklaven erwählt, sondern als Freunde. Wir sehen, wie alles zusammenhängt: Die neue Liebe zeugt auch vom neuen Offenbarungsverständnis. Gott ist nicht ein Sklaventreiber oder eine unberechenbare Macht, sondern jemand, dessen Gedanken und innerste Pläne durch Jesus für alle Zeiten offengelegt werden.

Wurzeln und Früchte der Liebe

Ich bin der wahre Weinstock und mein Vater ist der Winzer. Jede Rebe an mir, die keine Frucht bringt, schneidet er ab, und jede Rebe, die Frucht bringt, reinigt er, damit sie mehr Frucht bringt. Ihr seid schon rein durch das Wort, das ich zu euch gesagt habe. Bleibt in mir, dann bleibe ich in euch. Wie die Rebe aus sich keine Frucht bringen kann, sondern nur, wenn sie am Weinstock bleibt, so könnt auch ihr keine Frucht bringen, wenn ihr nicht in mir bleibt. Ich bin der Weinstock, ihr seid die Reben. Wer in mir bleibt und in wem ich bleibe, der bringt reiche Frucht; denn getrennt von mir könnt ihr nichts vollbringen. Wer nicht in mir bleibt, wird wie die Rebe weggeworfen und er verdorrt. Man sammelt die Reben, wirft sie ins Feuer, und sie verbrennen. Wenn ihr in mir bleibt und wenn meine Worte in euch bleiben, dann bittet um alles, was ihr wollt: Ihr werdet es erhalten. Mein Vater wird dadurch verherrlicht, dass ihr reiche Frucht bringt und meine Jünger werdet.

Johannes 15,1–8

Jesu Worte zur Liebe sind durch die gemeinsamen Gedanken vom Bleiben (zehn Mal) und Fruchtbringen (acht Mal) eng mit dem unmittelbar vorausgehenden Bildwort vom Weinstock und den Reben verbunden. Ermutigend, dass der gesamte Abschnitt Johannes 15,1–17 zusätzlich von Worten umrahmt ist, in denen Jesus den Heiligen Geist als Hilfe verspricht.

Das Bildwort vom Weinstock und den Reben bringt die notwendige Verbundenheit der Jünger und Jüngerinnen mit Christus zum Ausdruck. Ähnliche Gedanken formuliert Paulus im Bild vom Leib und den Gliedern (1 Korinther 12,12–27). Dort ist es der Geist Gottes, der als Atem dafür sorgt, dass der Körper lebt und gut zusammenwirkt, hier ist es der Vater, der als Winzer den Weinstock und die Reben pflegt. Dass der Vater jede Rebe reinigt, zeugt von seiner besonderen Liebe zu jedem Einzelnen. Kein Winzer hätte die Zeit dazu.

Jesus garantiert als Weinstock gute Wurzeln und sicheren Halt. Die Jünger bleiben in Jesus und er in ihnen. Das wechselseitige „Bleiben in" drückt die Wichtigkeit der gegenseitigen Beziehung aus. Wer sich auf diese Verbindung und Liebe einlässt, wächst über sich hinaus wie tausende neue Blätter und Reben, die im Frühling in kürzester Zeit am Weinstock sprießen. Die Aussage *getrennt von mir könnt ihr nichts vollbringen* wird damit nicht so sehr zu einer Drohung, sondern zur Sicherheit, dass wir verbunden mit Jesus Großes vollbringen können. Der Blick auf die notwendige Wurzelverbindung bewahrt davor, in der Luft zu hängen und den Kontakt zum Boden zu verlieren. Ohne gute Wurzeln wird der kleinste Wind und jede Trockenheit schon eine Gefahr. Gelebte Religion (lateinisch „religare" = zurückbinden) wird damit zu einer Kraftquelle, die Halt, Sicherheit und Nahrung garantiert.

Tief verwurzelt in der Liebe Christi

Ich frage mich manchmal, wie sich die Begründung der menschlichen Liebe aus der Liebe Jesu mit den neuen Erkenntnissen der Neurowissenschaften verbinden lässt. Diese zeigen auf, dass Liebe viel mit biochemischen Vorgängen im Gehirn zu tun hat. Gerade in der prickelnden Phase des Verliebtseins überschwemmt der Botenstoff Dopamin das Gehirn. Auch dann, wenn sich der Sturm der Gefühle legt, spielen Hormone der Hirnanhangsdrüse eine wichtige Rolle. Das Hormon Oxytocin sorgt z. B. für Vertrauen gegenüber anderen Menschen und bestimmt, welche Menschen wir besonders attraktiv finden. Damit verändert sich die romantische Sichtweise der Liebe als eine reine Herzensangelegenheit und erklärt das Gehirn als den eigentlichen Ort der Gefühle.

Lassen sich diese Erkenntnisse mit den Aussagen Jesu zur Liebe verbinden? Darf ich im Bild des Weinstocks folgende Weiterführung wagen? Wir Menschen sind wie Reben, deren Wachsen, Gedeihen und Fruchtbringen von vielen Faktoren abhängt. Erkenntnisse der Neurowissenschaften und Fähigkeiten der Medizin sind eine wichtige Hilfe, dass wir so manche Gewitter unserer Gefühle verstehen und diesen nicht blindlings ausgeliefert sind. Es ist ganz

im Sinne des Winzers, dass wir die biochemischen Vorgän-
ge in unserem Körper im Blick haben und nicht so tun, als
ob wir diese mit unserem bloßen Willen steuern können.
Menschen, die trotz bester Vorsätze immer wieder in die alten Fehler zurückfallen oder ihren Hassgefühlen allzu sehr
ausgeliefert sind, zeigen, dass sich unsere Gefühle und unser
Handeln nicht mit einem Schalter umdrehen lassen. So ist
es sicher im Sinne des Schöpfers, wenn wir die Natur unseres menschlichen Körpers ernst nehmen. Dann können wir
seine vielen Fähigkeiten besser achten und fördern.

Deshalb nochmals die Frage, die mich nicht loslässt: Sind
Jesu Worte und Taten zur Liebe neu? Können sie mithelfen,
dass in unserer Welt die Liebe mehr Chancen bekommt?
Wie beeinflussen sich unsere Nächstenliebe und unsere
Liebe zu Gott? Im Blick auf Jesu Worte, wie sie uns Johan-
nes im Abendmahlsaal überliefert, möchte ich folgende
Antworten wagen:

‣ Neu ist die absolute Zusage und Sicherheit, dass wir als
  Reben nicht allein sind, sondern dass unser Leben zutiefst in Jesus verwurzelt ist und durch einen guten Winzer gefördert wird. Das ist das Fundament der Liebe.

‣ Neu ist das revolutionäre Offenbarungs- und Gottesverständnis, das Jesus gelebt und der Menschheit für alle
  Zeiten vermittelt hat. Jesus bringt Kunde von dem Gott,
  den *niemand jemals gesehen hat* (Johannes 1,18). Wie
  niemand sonst auf dieser Welt kennt Jesus Gott, weil er
  am Herzen des Vaters ruht (Johannes 1,18). Er behält
  dies nicht egoistisch für sich, sondern teilt uns alles mit,
  was er von seinem Vater gehört hat. Das ist auch der
  Grund, weswegen wir uns vor Gott als Freunde im Un-
  terschied zu Sklaven verstehen dürfen und das Vaterunser beten können.

▸ Jesu Vater ist nicht irgendein Gott, sondern jemand, dessen Wesen durch und durch von Liebe (1 Johannes 4,8.16) und Licht (1 Johannes 1,5) geprägt ist. Er hört unsere Bitten. Die Zusage und sogar die Aufforderung, als geliebte Menschen und Freunde aktiv mit Gott in den Dialog zu treten, wollen unser Gottesbild und unser Beten entscheidend verändern. *Dann wird euch der Vater alles geben, um was ihr ihn in meinem Namen bittet.*

▸ Jesu neues Offenbarungs- und Gottesverständnis macht seinen unerhörten Aufruf zur Feindesliebe verständlich. Jesus befreit uns vom Feind-Feind-Schema. Es widerspricht dem Traum Gottes von uns als Kinder Gottes, dass wir uns gegenseitig bei jeder Unsicherheit sofort als Konkurrenten oder sogar Gegner betrachten.

▸ Der Gedanke der Freude darf im Blick auf Jesu revolutionäres Liebesangebot nicht nur als Luxus oder Zusatzprogramm angesehen werden. Tiefe Freude und Zufriedenheit gehört wesentlich zur Würde des Menschen dazu.

Wie kann es gelingen, dass wir Menschen täglich neu die Wurzel der Liebe Jesu spüren und Kraft bekommen, im Getriebe des Alltags aufmerksam liebende Menschen zu sein?

Unterschied zwischen Fruchtbarkeit und Leistung*

Man muss kein erfahrener Winzer sein, um die Botschaft vom Weinstock und den Reben zu verstehen. Ein Weinberg, der längere Zeit nicht gepflegt wird, verwildert und bringt keine Frucht. Der Winzer sorgt dafür, dass die Weinstöcke

---

* Diese Anregungen verdanke ich P. Peter Fritzer SJ.

nicht durch Unkraut eingeengt werden. Er schneidet sogar
Reben ab, damit die fruchtbringenden Reben im vollen Saft
bleiben. Dies ist wohl ein Bild dafür, dass wir nicht allen
Ballast und alle Nebensächlichkeiten ständig mitschleppen
müssen. Nein, es geht darum, sich fürs Wichtigste zu ent-
scheiden und nicht alles gleichzeitig zu tun. Wir müssen
nicht zu jeder Jahreszeit Früchte bringen und erst recht
nicht gleichzeitig Trauben und Birnen tragen.

Es gibt viele wichtige Übereinstimmungen zwischen
Leistung und Fruchtbarkeit. Beide erfordern Einsatz, An-
strengung und Sorgfalt. Der Blick auf die Unterschiede hilft
zu erkennen, dass ein Leben mit Jesus mehr Qualität bietet
als ohne ihn.

▸ Bei der Fruchtbarkeit bleibt Raum für das Geheimnis
  des Wachsens und den Ablauf der vier Jahreszeiten. Der
  fruchtbare Mensch lebt aus Gnade und weiß sehr wohl,
  dass ihm das Eigentliche geschenkt wird. Nicht die Ak-
  tivität rechtfertigt uns, sondern die bereits geschenkte
  Rechtfertigung durch Gott aktiviert uns.

▸ Wachstum ist dort am besten möglich, wo der Mensch
  es aufgibt, das Leben zu beherrschen, und wo jemand
  das Wagnis eingeht, das Leben entfalten zu lassen. Bei
  der Leistung hingegen will der Mensch alle Fäden in der
  Hand halten und alles im Griff haben. Dass dies Stress
  und Spannung bringt, werden viele Menschen bestätigen. Sie kommen sich wie eine Blume vor, an der ständig
  gezogen wird und bei der bereits die Knospen aufgeris-
  sen werden, damit endlich die Blüte sichtbar wird. Dass
  solche Blüten nicht lange halten und auch nicht den vollen Glanz entwickeln, wird dabei ganz vergessen.

▸ Leistung ist oft ein Ersatz für einen Mangel an Beziehung, während Fruchtbarkeit immer Beziehung voraussetzt. Menschen, die bewusst oder unbewusst an

Einsamkeit oder Isolation leiden, flüchten leicht in Leistung, um auf diese Weise ihrem Leben Inhalt und Sinn zu geben. Leistung baut auf eigene Kraft, klammert die schwachen Seiten aus und unterliegt der Gefahr, einseitig zu werden und soziale oder kreative Werte zu vernachlässigen. Fruchtbarkeit hingegen lässt Gottes Kraft auch in unserer Schwäche zum Zug kommen und kann darum das Leben ehrlicher und großzügiger annehmen.

Vergleich mit den anderen Evangelien

Liebe als die Grundmelodie des Lebens durchdringt wie ein roter Faden die ganze Bibel.

Das Alte Testament zeigt einen Gott, der über Jahrhunderte hinweg die Menschen umwirbt: *Mit menschlichen Fesseln zog ich sie an mich, mit den Ketten der Liebe,* so beschreibt etwa der Prophet Hosea das Liebesringen Gottes um sein Volk. Im Neuen Testament kommen die Aussagen zur Liebe Gottes darin zum Höhepunkt, dass Gott seinem innersten Wesen nach Liebe ist (1 Johannes 4,8.16).

Alle vier Evangelien beschreiben das Wirken Jesu als größten Liebhaber aller Zeiten. Bündelt sich im Johannesevangelium das Thema Liebe im „Neuen Gebot" und deren Begründung in der Liebe Jesu, so geschieht dies bei den Synoptikern in der Frage nach dem wichtigsten Gebot. Gerade die Formulierung bei Markus zeigt, dass die menschliche Liebe in Gott ihren Ursprung findet: *Ein Schriftgelehrter ging zu Jesus und fragte ihn: Welches Gebot ist das erste von allen? Jesus antwortete: Das erste ist: Höre, Israel, der Herr, unser Gott, ist der einzige Herr. Darum sollst du den Herrn, deinen Gott, lieben mit ganzem Herzen und ganzer Seele, mit all deinen Gedanken und all deiner Kraft. Als zweites kommt hinzu: Du sollst deinen Nächsten lieben wie dich selbst. Kein anderes Gebot ist größer als diese beiden (Markus 12,28–31).* Der Hinweis, dass Gott der einzige Herr ist, ist nicht ein Vorgeplänkel oder überflüssiger Zusatz zum wichtigsten Gebot, sondern seine Wurzel und sein Fundament.

Das besondere Wort

Gebet

Jesus, du sagst, dass du uns ein neues Gebot schenkst.
Ich bin ja mit den alten Geboten schon überfordert.
Oder ist dein Gebot als Hilfe gedacht?
Dann wäre es wie ein Geländer, das mir Sicherheit gibt.
Aber woher weiß ich, dass dein Weg der richtige ist,
und vor allem, wie ich deinen Weg erkennen kann.
Schon so viele haben sich auf deine Liebe berufen
und dann die Menschheit in den Abgrund geführt.

Für sie bitte ich

Das große Fürbittgebet Jesu und das Vaterunser
Johannes 17,1–26

Hat Jesus auch gebetet? In welchen Situationen suchte er das Gebet? Welche Orte waren ihm dabei am liebsten und hilfreichsten? Warum hat Jesus gebetet? Betete er lieber allein oder in der Gemeinschaft der jüdischen Synagoge und mit seinen Jüngern? Diese Fragen sind spannend und versuchen das Mystische und Einzigartige an Jesus zu erahnen. Die Antworten haben wesentliche Auswirkungen auf unsere eigene Gebetspraxis.

Die vier Evangelien wollen kein Bericht im Stundentakt sein, der protokollartig das Leben Jesu festhält. Vielmehr greifen sie beispielhaft einige Ereignisse aus dem Wirken Jesu heraus und stellen diese in den großen Heilszusammenhang hinein. Gerade deswegen fällt umso mehr auf, dass die Evangelien wiederholt schildern, wie Jesus in ganz verschiedenen Situationen den Gebetskontakt zu seinem Vater sucht. Er geht regelmäßig in die Synagoge (Lukas 4,16) und zieht sich am Abend oder Morgen zurück, um Kraft für die vielen Begegnungen zu schöpfen. Er dankt seinem Vater nach der erfolgreichen Tätigkeit seiner Jünger. Er betet vor großen Entscheidungen wie der Auswahl der zwölf Apostel und findet im Garten Getsemani in den bedrohlichen Stunden vor der Gefangennahme Halt und Trost. Auch einzigartige Höhepunkte wie die Taufe und Verklärung sind ohne Gebet nicht vorstellbar (Lukas 3,21; 9,29).

Das Johannesevangelium schildert, dass Jesus am Ende des letzten Abendmahles in Gebetsworten sein Lebenswerk nochmals auf den Punkt bringt. Neben seiner Länge – es stellt das längste Gebet Jesu in der Bibel dar – weist dieses viele Besonderheiten auf, die im Blick auf das gesamte Johannesevangelium nochmals an Würze gewinnen. Hat der Prolog von der Herkunft Jesu gesprochen, so geht es jetzt kurz vor seinem Tod um seine Zukunft und Vollendung. Trat Jesus in seinem öffentlichen Wirken als Gesandter des Vaters vor den Menschen auf, so wechselt er nun den Standpunkt und wendet sich als Fürsprecher der Menschen an den Vater. Hat er bisher im Namen Gottes die Menschen angesprochen, so wendet er sich jetzt im Namen der Menschen an den Vater. Rückblick auf sein Wirken und Bitten an den Vater verbinden sich zu einem einzigartigen Gebet.

Das Gebet im Abendmahlsaal wird seit David Chrytreus (1531–1600) als das „Hohepriesterliche Gebet" bezeichnet. Diese Bezeichnung ist etwas missverständlich, da Jesus darin in keiner Weise Funktionen eines Opferpriesters übernimmt. Treffender ist wohl die Bezeichnung „Das große Fürbittgebet Jesu". So wird in den folgenden Zeilen schwerpunktmäßig darauf geachtet, für welche Menschen Jesus im Abendmahlsaal Fürbitte erhebt. Zunächst soll der Versuch gewagt werden, einige Verbindungen dieses Gebetes zum Vaterunser herzustellen.

Vater

Jesu langes Gebet im Abendmahlsaal beginnt mit der Vateranrede: *Vater, die Stunde ist da.* Im weiteren Verlauf des
Gebetes wird er noch viermal Gott als Vater ansprechen
und ihn dabei zusätzlich als *Heiliger Vater* und als *gerechter
Vater* bezeichnen. Da Jesus sein ganzes Leben aus der Beziehung zum Vater heraus lebt und deutet, ist die Vateranrede für ihn ganz selbstverständlich. Er redet ja nicht über
eine anonyme Macht, nicht mit einem unbestimmbaren
außerirdischen Wesen, sondern eben mit seinem geliebten
Vater. Jesus hat dabei wohl das innige „Abba" seiner aramä-
ischen Muttersprache verwendet. Dieses unterstreicht wie
unser „Papa" die herzliche und persönliche Beziehung.

Bereits im Rahmen des öffentlichen Wirkens Jesu schildert uns Johannes, dass Jesus vertrauensvoll den Blick auf
seinen Vater richtet. Dies geschieht unmittelbar vor der
Auferweckung des Lazarus (Johannes 11,41–42) und bei
der letzten öffentlichen Rede Jesu in Jerusalem (Johannes
12,27–28). Während des Abendmahles lädt Jesus die Jünger
ein, in seinem Namen zu beten, und gibt die große Zusage, dass Gebete in seinem Namen vom Vater auch erhört
werden: *Dann wird euch der Vater alles geben, um was ihr
ihn in meinem Namen bittet* (Johannes 15,16). Diese Zusage
an die Jünger wirkt über die Jahrhunderte weiter und gilt
für die ganze Menschheit: Schulter an Schulter dürfen wir
als Kinder Gottes in Jesu enges Verhältnis mit Gott eintre-
ten und Gott als Vater anreden. Wir dürfen mit Jesus den
Herzschlag Gottes spüren: *Niemand hat Gott je gesehen.
Der Einzige, der Gott ist und am Herzen des Vaters ruht, er
hat Kunde gebracht* (Johannes 1,18).

Die Vateranrede in den Gebeten Jesu und die unzähligen
Bezeichnungen Gottes als Vater helfen uns, das Vaterunser

noch besser zu verstehen und es innig, staunend, vertrauensvoll und gleichzeitig ganz selbstverständlich zu beten.
Das „Unser" erinnert alle Betenden, in der persönlichen
Vateranrede Gottes nicht einen privaten Exklusivanspruch
zu sehen, sondern das Miteinander mit den Mitmenschen
zu suchen. Wer Gott nur als seinen eigenen Vater besitzen
will, missachtet und verrät die Solidarität Jesu mit der ganzen Menschheit.

Verherrliche deinen Sohn – dein Reich komme

Und er erhob seine Augen zum Himmel und sprach: Vater, die
Stunde ist da. Verherrliche deinen Sohn, damit der Sohn dich
verherrlicht. Denn du hast ihm Macht über alle Menschen gegeben, damit er allen, die du ihm gegeben hast, ewiges Leben
schenkt.
Das ist das ewige Leben: dich, den einzigen wahren Gott, zu
erkennen und Jesus Christus, den du gesandt hast. Ich habe dich
auf der Erde verherrlicht und das Werk zu Ende geführt, das du
mir aufgetragen hast. Vater, verherrliche du mich jetzt bei dir mit
der Herrlichkeit, die ich bei dir hatte, bevor die Welt war.

Johannes 17,1–5

Die Worte vom gegenseitigen Verherrlichen klingen für
uns fremd und unverständlich. Es wirkt geradezu zynisch,
wenn Jesus die Krankheit seines Freundes Lazarus mit den
Worten kommentiert: *Diese Krankheit wird nicht zum Tod
führen, sondern dient der Verherrlichung Gottes: Durch sie
soll der Sohn Gottes verherrlicht werden* (Johannes 11,4).
Auch die Gebetsworte Jesu bei seiner öffentlichen Rede in
Jerusalem scheinen den Ernst der Lage zu verkennen: *Vater, verherrliche deinen Namen! Da kam eine Stimme vom
Himmel: Ich habe ihn schon verherrlicht und werde ihn wieder verherrlichen* (Johannes 12,28).

Es wäre komisch und auf jeden Fall egoistisch, wenn Jesus in diesen beiden genannten Situationen darum bittet, endlich Anerkennung und Beifall zu bekommen. Das wäre wahrlich die Versuchung Satans, von der Zinne des Tempels hinunterzuspringen, um dann von allen als Held beklatscht zu werden. Um all das kann es hier nicht gehen und auch nicht um ein blindes, unterwürfiges Anbeten der Herrlichkeit Gottes. Was ist im Gegensatz dazu mit Verherrlichung gemeint?

Die Worte Jesu am Beginn des großen Fürbittgebetes helfen uns, den wahren Sinn der Verherrlichung Jesu zu verstehen. Sie richten den Blick auf vier Themenbereiche, die sich gegenseitig ergänzen. Der Vergleich mit den vier stabilen Füßen eines Tisches soll dabei eine Hilfe sein, um Jesu komplexe Worte besser zu verstehen. Jesu Bitte um Verherrlichung besteht aus den vier „Füßen" Verherrlichung Jesu, Verherrlichung Gottes, Erkenntnis Gottes durch die Menschen und ewiges Leben der Menschen. Ist einer dieser Füße wackelig, gerät der ganze Tisch ins Wanken.

Die Verherrlichung Jesu ohne Verherrlichung Gottes wäre der Versuch, ihn zu einem Supermann zu machen und seine Herkunft und Kraftquelle zu verschweigen. Die Verherrlichung Jesu ohne Weitergabe des ewigen Lebens an die Menschen würde den Sinn seiner Menschwerdung vergessen. Er ist ja gerade deswegen Mensch geworden, um die Weitergabe des ewigen Lebens an die Menschen zu garantieren. Ein besonderes Kennzeichen des ewigen Lebens ist die Erkenntnis Gottes bereits auf dieser Welt: *Das ist das ewige Leben: dich, den einzigen wahren Gott, zu erkennen und Jesus Christus, den du gesandt hast.* Die Rede vom Erkennen Gottes meint nicht nur ein theoretisches Wissen um Gott, sondern zeigt sich im Bekenntnis zu ihm, in der

Vertrautheit mit ihm und in einer zutiefst personalen Beziehung. Am Ende des großen Fürbittgebetes wird Jesus diesen Gedanken nochmals aufgreifen: *Gerechter Vater, die Welt hat dich nicht erkannt, ich aber habe dich erkannt und sie haben erkannt, dass du mich gesandt hast* (Johannes 17,25). Im Gebet um Verherrlichung sind wir hineingenommen in die Liebe und personale Beziehung zwischen Vater und Sohn.

Das „Zusammenspiel" der vier Füße wird in der Sprache der anderen Evangelisten als die Ankunft des Reiches Gottes bezeichnet. Mit Jesu Wirken ist das Reich Gottes anfangshaft Wirklichkeit geworden. Es hat begonnen, ist aber wie die Verherrlichung Jesu bei Weitem noch nicht abgeschlossen. Jesus zu verherrlichen heißt demnach nichts anderes als in Wort und Tat mithelfen, dass Gottes Reich Wirklichkeit wird. *Dein Reich komme.*

Bewahre sie in deinem Namen – dein Name werde geheiligt

Ich habe deinen Namen den Menschen offenbart, die du mir aus der Welt gegeben hast. Heiliger Vater, bewahre sie in deinem Namen, den du mir gegeben hast, damit sie eins sind wie wir. Solange ich bei ihnen war, bewahrte ich sie in deinem Namen, den mir du gegeben hast. Ich habe ihnen deinen Namen bekannt gemacht und werde ihn bekannt machen, damit die Liebe, mit der du mich geliebt hast, in ihnen ist und damit ich in ihnen bin.

Johannes 17,6.11–12.26

Am brennenden Dornbusch offenbart Gott dem Mose seinen Namen und öffnet damit für immer die großen Türen zwischen Himmel und Erde. Gott gibt sein innerstes Wesen preis und macht darin eine ganz neue Form von Begegnung und Miteinander möglich. Sein Name „Ich-bin-der-ich-bin-da" garantiert Nähe und Hilfe und spricht für Qualität.

Beim letzten Abendmahl kündigt Jesus an, dass er in unmittelbarer Zukunft den Vater noch klarer verkünden wird: *Dies habe ich in verhüllter Rede zu euch gesagt; es kommt die Stunde, in der ich nicht mehr in verhüllter Rede zu euch spreche, sondern euch offen den Vater verkünden werde* (Johannes 16,25). Weil Gott seinem Namen treu bleibt, bittet ihn Jesus um Hilfe: *Heiliger Vater, bewahre sie in deinem Namen!*

Die Vaterunser-Bitte „Geheiligt werde dein Name" enthält all diese Anliegen. Es geht darum, die persönliche Nähe zu Gott zu suchen und seinem Wirken zu vertrauen.

Bewahre sie vor dem Bösen – führe uns nicht in Versuchung

Ich habe ihnen dein Wort gegeben, und die Welt hat sie gehasst, weil sie nicht von der Welt sind, wie auch ich nicht von der Welt bin. Ich bitte nicht, dass du sie aus der Welt nimmst, sondern dass du sie vor dem Bösen bewahrst. Sie sind nicht von der Welt, wie auch ich nicht von der Welt bin. Heilige sie in der Wahrheit; dein Wort ist Wahrheit. Wie du mich in die Welt gesandt hast, so habe auch ich sie in die Welt gesandt. Und ich heilige mich für sie, damit auch sie in der Wahrheit geheiligt sind.

Johannes 17,14–19

„Es kann doch nicht sein, dass Gott uns in Versuchung führt. Das wäre eine zusätzliche Überforderung für uns Menschen!" Diese und ähnliche Rückmeldungen höre ich immer wieder. So manche Menschen erzählen mir, dass sie zu Gott beten, er möge ihnen in Zeiten der Versuchung an der Seite stehen und sie aus den Gefahren herausführen.

Andere vermuten, dass mit „Versuchung" Zeiten der Erprobung gemeint sind, wie Gott Abraham beim Opfer seines Sohnes Isaak auf die Probe stellte (Genesis 22).

Die Gebetsworte Jesu im Abendmahlsaal können auch hier eine Hilfe sein, das Vaterunser zu beten. Sie gaukeln uns zunächst keine heile Welt vor, in der es keine Gefahren gibt und alle Menschen nur das Beste wollen. Sie betonen auch nicht, dass jegliche Verantwortung und Schuld immer nur bei mir allein liegt. Ohne langes Herumreden schildern sie, dass es in der Welt Kräfte gibt, die Gottes Wirken ablehnen. Unsere Welt ist nicht durch und durch von Gottes Liebe durchdrungen.

Die Reaktion Gottes auf diese Situation gibt uns die beste Antwort, selber mit solchen Situationen umzugehen. Gott zieht sich nicht aus der Welt zurück, sondern betritt sie in Jesus in ganz neuer und einzigartiger Weise. Damit ändert sich vieles, aber nicht alles. Der Prolog des Johannesevangeliums schildert dies mit den bekannten Worten: *Er war in der Welt und die Welt ist durch ihn geworden, aber die Welt erkannte ihn nicht. Er kam in sein Eigentum, aber die Seinen nahmen ihn nicht auf.* Jesus bleibt sein ganzes irdisches Leben lang in der konkreten Welt. Er will, dass auch wir in unserer konkreten Welt bleiben: *Ich bitte nicht, dass du sie aus der Welt nimmst.* Wir Menschen sollen mit beiden Beinen am Boden stehen und das Herz für Gott offen halten. Das gibt Stabilität von unten und den Halt von oben.

Wie immer bietet Jesus auch hier Hilfe an, nicht zu fallen bzw. nach einem Sturz wieder aufzustehen und somit der Suche nach der Wahrheit treu zu bleiben. Er setzt sich betend für uns ein und reicht uns als Stütze und Krücke das Wort Gottes, auf das wir hören sollen. Das Wort Gottes gibt Orientierung, es ermutigt, ruft zur Umkehr und erzählt von einem Gott, der das Vertrauen in uns Menschen nicht aufgibt. Da Jesus nicht nur wahre Worte spricht, sondern selbst die Wahrheit ist (Johannes 14,6), traut er uns die ganze Wahrheit zu. Dies gilt nicht nur in schweren Situationen und nicht nur für Petrus im Abendmahlsaal: *Simon, Simon, der Satan hat verlangt, dass er euch wie Weizen sieben darf. Ich aber habe für dich gebetet, dass dein Glaube nicht erlischt* (Lukas 22,31–32).

Fürbitte statt Kreisen um mich selbst

Aber ich bitte nicht nur für diese hier, sondern auch für alle, die durch ihr Wort an mich glauben. Alle sollen eins sein: Wie du, Vater, in mir bist und ich in dir bin, sollen auch sie in uns sein, damit die Welt glaubt, dass du mich gesandt hast. Und ich habe ihnen die Herrlichkeit gegeben, die du mir gegeben hast; denn sie sollen eins sein, wie wir eins sind, ich in ihnen und du in mir. So sollen sie vollendet sein in der Einheit, damit die Welt erkennt, dass du mich gesandt hast und die Meinen ebenso geliebt hast wie mich.

Vater, ich will, dass alle, die du mir gegeben hast, dort bei mir sind, wo ich bin. Sie sollen meine Herrlichkeit sehen, die du mir gegeben hast, weil du mich schon geliebt hast vor der Erschaffung der Welt. Gerechter Vater, die Welt hat dich nicht erkannt, ich aber habe dich erkannt, und sie haben erkannt, dass du mich gesandt hast. Ich habe ihnen deinen Namen bekannt gemacht und werde ihn bekannt machen, damit die Liebe, mit der du mich geliebt hast, in ihnen ist und damit ich in ihnen bin.

Johannes 17,20–26

In seinem langen Gebet wechselt Jesus mehrfach zwischen Rückblick auf sein bisheriges Wirken, Vorausblick auf die Vollendung und Fürbitte für die Menschen. Jesus kreist nicht nur um seine „Wehwehchen", sondern sieht die Not und Freude aller Menschen. Er bittet zunächst um Bewahrung vor dem Bösen, dann um Heiligung und abschließend um Einheit und Vollendung. Jesus betet zunächst für seine anwesenden Jünger und weitet dann den Blick auf die Menschen der ganzen Welt und aller Zeiten. Gibt es ein umfassenderes Gebet?

Jesu Bitte um Einheit darf nicht verstummen, sie gilt für das Miteinander in Familien und Gruppen genauso wie für Religionen und verschiedene Nationen. Einheit ist keine Gleichmacherei und kein Einheitsbrei, sondern zeigt sich beispielhaft an der Einheit zwischen Jesus und seinem Vater. Beide leben vollsten Einsatz, beide ergänzen sich gegenseitig, beide verherrlichen sich gegenseitig und erleben sich nicht als Konkurrenten oder Gegner, sondern als Hilfe und Ergänzung. Diese Einheit ist Modell und Begründung zugleich. Die Menschen werden geradezu hineingezogen in Jesu Gottesbeziehung.

Vergleich mit den anderen Evangelien

Wir haben gesehen, dass das große Fürbittgebet in Johannes 17 viele inhaltliche Parallelen zum Vaterunser enthält. Da Johannes kein Gebetsringen Jesu am Ölberg erwähnt, kann dieses Gebet zusätzlich auch als Ergänzung dafür angesehen werden.

Die Formulierungen des großen Fürbittgebetes haben im alltäglichen Gebet der Christen kaum Nachahmer gefunden. Im Gegensatz dazu gehören die Worte des Vaterunsers zum täglichen Gebetsschatz unserer Gottesdienste und der Einzelgebete tausender Menschen.

Gemäß Matthäus lehrt Jesus das Vaterunser im Rahmen der Bergpredigt. Dort bildet es die Mitte und auch den Schlüssel für die Deutung der sozialen Botschaft der Bergpredigt. Lukas berichtet, dass Jesus seinen Jüngern das Vaterunser lehrt, nachdem sie ihn darum gebeten haben. Sie haben erlebt, wie Jesus lebt, und wollen ihrem Meister nachfolgen.

Das besondere Wort

Lebenserfahrungen
Wenn ich für jemanden bete,
dann begegne ich ihm anders.
Wenn ich für Menschen bete, mit denen ich mich schwertue,
dann verändert sich die Begegnung mit diesen Menschen.
Andere bitten mich, dass ich für sie bete,
und ich bitte gezielt Menschen, dass sie für mich beten.
Fürbitten zeigen mir,
dass ich nicht alles selber tun muss.
Ich vertraue,
dass Gott mir hilft.
Ich lebe nicht im tödlichen Wahn, alles allein tun zu müssen.
Ich bin dankbar, dass ich beten darf
und dass mir Gott und viele Menschen dabei helfen.

Er trug sein Kreuz

Das Kreuz zeigt, wer Jesus und wie der Mensch ist
Johannes 19,17–37

Wer kennt sie nicht, die würdigen romanischen Kreuzes-darstellungen! Jesus hängt nicht gekrümmt als Geschunde-ner am Kreuz, sondern steht ganz aufrecht. Am Haupt trägt er eine Königskrone, von Schmerz und Leid oder dem Ruf „Mein Gott, mein Gott, warum hast du mich verlassen!" keine Spur. Nicht die Stunden der Todesqualen sind hier dargestellt, sondern vorausblickend bereits die Vollendung und die ersten Strahlen der Auferstehung. Die Kunstdar-stellungen der Romanik weisen viele Parallelen zur Schwer-punktsetzung im Johannesevangelium auf.

Mit der Gefangennahme im Ölgarten kommt jene Stunde immer näher, die Jesus schon mehrfach angekündigt und ersehnt hatte. Es ist die Stunde seiner Verherrlichung und der Zeitpunkt, um aus dieser Welt zum Vater hinüberzu-gehen. Mit diesem Wissen setzt Jesus beim letzten Abend-mahl das unvergessliche Zeichen der Fußwaschung und bringt im großen Fürbittgebet sein Leben auf den Punkt. Mit dieser Sicherheit handelt er ganz souverän bei der Ge-fangennahme im Ölgarten: *Jesus, der alles wusste, was mit ihm geschehen sollte, ging hinaus und fragte sie: Wen sucht ihr?* Seine gezielt gewählte Antwort *Ich bin es,* die an Gottes Selbstoffenbarung am brennenden Dornbusch erinnern, bewirkt, dass die Soldaten zu Boden stürzen. Weder der heuchlerische Kuss des Judas noch das verzweifelte Gebetsringen mit der Bitte, den Kelch an ihm vorübergehen zu lassen, werden hier erwähnt. Nach der Gefangennahme wird Jesus zunächst zum Verhör vor Hannas und dann vor Pilatus geführt. Dort steht er erhobenen Hauptes und stellt an den Hohepriester die Frage: *Warum fragst du mich?* (Johannes 18,21). Auch der Diener, der Jesus ins Gesicht geschlagen hat, muss sich der Frage stellen: *Warum schlägst du mich?* (Johannes 18,23)

Beim Prozess und der Kreuzigung betont das Johannesevangelium mehrfach, dass Jesus aktiv in den Tod geht und in keiner Weise in eine blinde Opferrolle hineingedrängt wird. Der grausame Tod Jesu wird nicht verschwiegen, aber bereits in seiner Bedeutung als Erhöhung beschrieben.

Das Kreuz als grausame Realität

Er trug sein Kreuz und ging hinaus zur sogenannten Schädelhöhe, die auf Hebräisch Golgota heißt. Dort kreuzigten sie ihn und mit ihm zwei andere, auf jeder Seite einen, in der Mitte Jesus. Pilatus ließ auch ein Schild anfertigen und oben am Kreuz befestigen; die Inschrift lautete: Jesus von Nazaret, der König der Juden. Dieses Schild lasen viele Juden, weil der Platz, wo Jesus gekreuzigt wurde, nahe bei der Stadt lag. Die Inschrift war hebräisch, lateinisch und griechisch abgefasst. Die Hohepriester der Juden sagten zu Pilatus: Schreib nicht: Der König der Juden, sondern dass er gesagt hat: Ich bin der König der Juden. Pilatus antwortete: Was ich geschrieben habe, habe ich geschrieben. Nachdem die Soldaten Jesus ans Kreuz geschlagen hatten, nahmen sie seine Kleider und machten vier

Teile daraus, für jeden Soldaten einen. Sie nahmen auch sein Untergewand, das von oben her ganz durchgewebt und ohne Naht war. Sie sagten zueinander: Wir wollen es nicht zerteilen, sondern darum losen, wem es gehören soll. So sollte sich das Schriftwort erfüllen: Sie verteilten meine Kleider unter sich und warfen das Los um mein Gewand. Dies führten die Soldaten aus. Bei dem Kreuz Jesu standen seine Mutter und die Schwester seiner Mutter, Maria, die Frau des Klopas, und Maria von Magdala. Als Jesus seine Mutter sah und bei ihr den Jünger, den er liebte, sagte er zu seiner Mutter: Frau, siehe, dein Sohn! Dann sagte er zu dem Jünger: Siehe, deine Mutter! Und von jener Stunde an nahm sie der Jünger zu sich.

Johannes 19,17–27

Jesus trägt sein Kreuz allein, die Hilfe durch Simon von Zyrene wird bei Johannes nicht erwähnt. Er wird zum Spielball aller möglichen Intrigen und stirbt als Verbrecher. Rings um seinen Tod zeigen sich nochmals einige Konflikte, die die Machtspiele der Welt zum Ausdruck bringen. Pilatus, der bei der Verurteilung Jesu selbst in die Enge getrieben wurde, gibt jetzt nicht mehr nach und lässt die Kreuzesinschrift nicht ändern. Die Hohepriester, die vorher als Bittsteller bei Pilatus den Tod Jesu einforderten, hätten so gerne einiges geklärt, damit sie besser dastehen. Die Soldaten, die im Blick auf die Machtverhältnisse reine Befehlsempfänger sind, nützen die Chance, um zu einem Gratiskleid zu kommen. Am Leid anderer lässt sich auch verdienen, damals und heute.

Vier Soldaten teilen die Kleider Jesu, vier Frauen stehen sprachlos unter dem Kreuz. Diese treuen Frauen vertreten die vielen Menschen, die im Laufe der Jahrhunderte den Tod lieber Menschen ertragen müssen und Opfer von ungerechten Machtspielen werden. Hatte Maria miterlebt, wie

Jesus bei der Hochzeit zu Kana für Wein in Fülle sorgte, so muss sie jetzt sehen, wie ihm ein Schwamm mit Essig gereicht wird. Jesus bleibt souverän und setzt nochmals ein Zeichen. Er „regelt" als Sterbender die gegenseitige Verbindung zwischen seiner Mutter und dem Lieblingsjünger.

Am Karfreitag zeigt sich, wie der Mensch in seinen tiefsten Abarten sein kann.

Zu Ostern zeigt sich, wie Gott ist und wie er auf das Handeln der Menschen antwortet.

Kreuz als Erhöhung und Vollendung

Danach, als Jesus wusste, dass nun alles vollbracht war, sagte er, damit sich die Schrift erfüllte: Mich dürstet. Ein Gefäß mit Essig stand da. Sie steckten einen Schwamm mit Essig auf einen Ysopzweig und hielten ihn an seinen Mund. Als Jesus von dem Essig genommen hatte, sprach er: Es ist vollbracht! Und er neigte das Haupt und gab seinen Geist auf.

Johannes 19,28–30

Wer ist Jesus? Das Johannesevangelium antwortet auf diese Frage: Schau auf den erhöhten Jesus am Kreuz, dann leuchtet die Antwort bereits auf. Er ist und bleibt der Erhöhte, in dem die heiligen Schriften erfüllt werden. Dieser Jesus stirbt nicht als Gescheiterter, sondern als einer, dessen Leben zur Vollendung kommt und der damit dem Leid dieser Welt eine neue Richtung gibt. *Es ist vollbracht!* Die letzten Worte Jesu am Kreuz lassen sich auch übersetzen mit: „Das Ziel ist erreicht!"

Der Ausdruck „erhöhen" kommt im Johannesevangelium viermal vor und drückt zugleich das grausame Hinaufnageln an den Marterpfahl als auch das würdevolle Erhöhen in einen höheren Rang aus. Diese Doppelbedeutung kam bereits beim nächtlichen Gespräch Jesu mit Nikodemus, bei Worten vor einigen Juden und bei seiner letzten öffentlichen Rede in Jerusalem zum Ausdruck: *Wenn ihr den Menschensohn erhöht habt, dann werdet ihr erkennen, dass ich es bin* (Johannes 8,28).

Mit dieser Sicht des Kreuzes als Erhöhung und Vollendung wird das Leid nicht beseitigt, wohl aber in seiner Endgültigkeit entmachtet. Der betende Mensch kann Jesus im berühmten Hymnus des Philipperbriefes sogar als „Über-Erhöhten" preisen. *Darum hat ihn Gott über alle erhöht und ihm den Namen verliehen, der größer ist als alle Namen, damit alle im Himmel, auf der Erde und unter der Erde ihre Knie beugen vor dem Namen Jesu und jeder Mund bekennt: Jesus Christus ist der Herr, zur Ehre Gottes des Vaters* (Philipper 2,9–11).

Das Kreuz bewirkt Heil und Heilung

Und wie Mose die Schlange in der Wüste erhöht hat, so muss der Menschensohn erhöht werden, damit jeder, der an ihn glaubt, in ihm das ewige Leben hat.

Johannes 3,14–15

Bei der Wanderung durch die Wüste Sinai kommt das Volk Israel in eine Gegend mit vielen Giftschlangen (Numeri 21,8–9). Diese beißen die Menschen und viele müssen sterben. Auf Geheiß Gottes errichtet Mose daraufhin eine große Fahnenstange und befestigt daran eine Schlange aus Kupfer. Er gibt den Auftrag: Wer von einer Schlange gebissen wird, soll sofort zur Kupferschlange aufschauen. Dann bleibt er am Leben. Und so geschieht es. Was dieses Ereignis genau bedeutet, verstehen wir heute nicht mehr. Es ist wohl auch ein Hinweis, dass wir uns in schwierigen Situationen den „Schlangen des Lebens" stellen müssen. Wegschauen und die Augen verschließen wäre zu wenig.

Jesus vergleicht beim Gespräch mit Nikodemus seinen Tod am Kreuz mit der Kupferschlange des Mose. Die von verschiedensten „Schlangen" Gebissenen müssen nicht sterben. In diesem Vergleich liegt eine große Zusage, dass alle, die auf den gekreuzigten Jesu blicken, in den „Schlangenbissen ihres Lebens" Heil und Heilung erfahren. Wer an Jesus glaubt, wird zwar in dieser Welt sterben, aber dennoch das ewige Leben haben. Jesu Worte *Und ich, wenn ich über die Erde erhöht bin, werde alle zu mir ziehen* (Johannes 12,32–33) unterstreichen, dass sein Kreuzespfahl wie ein weltweiter Magnet ist, der die Menschen ins Reich des ewigen Lebens zieht.

Das Kreuz als Erinnerungszeichen

Weil Rüsttag war und die Körper während des Sabbats nicht am Kreuz bleiben sollten, baten die Juden Pilatus, man möge den Gekreuzigten die Beine zerschlagen und ihre Leichen dann abnehmen; denn dieser Sabbat war ein großer Feiertag. Also kamen die Soldaten und zerschlugen dem Ersten die Beine, dann dem andern, der mit ihm gekreuzigt worden war. Als sie aber zu Jesus kamen und sahen, dass er schon tot war, zerschlugen sie ihm die Beine nicht, sondern einer der Soldaten stieß mit der Lanze in seine Seite, und sogleich floss Blut und Wasser heraus. Und der, der es gesehen hat, hat es bezeugt, und sein Zeugnis ist wahr. Und er weiß, dass er Wahres berichtet, damit auch ihr glaubt. Denn das ist geschehen, damit sich das Schriftwort erfüllte: Man soll an ihm kein Gebein zerbrechen. Und ein anderes Schriftwort sagt: Sie werden auf den blicken, den sie durchbohrt haben.

Johannes 19,31–37

Beim Kreuz Jesu steht ein wichtiger Augenzeuge, der mit offenen Sinnen das ganze Geschehen wahrnimmt und in seiner ganzen Tiefe erfassen kann. *Und der, der es gesehen hat, hat es bezeugt, und sein Zeugnis ist wahr. Und er weiß, dass er Wahres berichtet, damit auch ihr glaubt.* Dem Augenzeugen geht es nicht so sehr darum, einen Kriminalfall aus erster Hand zu lösen. Sein Ziel ist ganz anderer Natur: Er will, dass die Leser und Leserinnen seiner Worte endgültig zum Glauben finden. Damit diese und somit wir alle merken, dass wir gemeint sind, spricht er uns direkt an: *damit auch ihr glaubt.*

Bei Kreuzwegandachten sagen Kinder ab und zu: „Stopp! Ich will und kann das nicht mehr hören. Das ist so grausam." Wir Erwachsenen haben uns großteils an das Kreuz gewöhnt oder diskutieren höchstens über die Kunstrichtung einer Kreuzesdarstellung. Das nimmt dem Kreuz die revolutionäre Kraft, Menschen wachzurütteln und auf die Kreuze der heutigen Zeit aufmerksam zu machen. Das Kreuz erzählt von jemandem, der bis zuletzt gewaltlos geblieben ist und nicht verbittert oder enttäuscht herumgeschlagen hat. Der Querbalken mit den ausgebreiteten Händen Jesu zeigt die Liebe zwischen den Menschen. Jesus umarmt nochmals die ganze Welt. Der aufgerichtete Balken ist in der Erde verankert und führt zum Himmel. Er steht für die Liebe zwischen Gott und Mensch. Am Kreuz treffen beide Liebesbewegungen zusammen. Die Höchstform der Liebe antwortet auf das Festgenageltsein im Spannungsfeld der Welt.

Leider sind Kreuzigungen nicht nur Gräuel vergangener Jahrhunderte. Heute werden grausame Tötungen sogar ins Internet gestellt. Warum Menschen so handeln, fragen viele zu Recht. Was ist mit der Menschheit los? Lernen wir überhaupt nichts aus der Vergangenheit?

Wenn die vielen Kreuzesdarstellungen unserer Kirchen und Wohnungen helfen, Kreuze der heutigen Zeit zu verringern, dann haben wir viel vom Auftrag Jesu verstanden. Dann war Jesu grausamer Tod nicht umsonst. Dann ist der Blick auf den, den sie durchbohrt haben, nicht ein Verliebtsein in Gewalt, sondern heilsame Erinnerung. Darf und soll man heute noch vom Kreuz reden? Braucht es Orte der Erinnerung wie Auschwitz?

Vergleich mit den anderen Evangelien

Die Handlungen aller vier Evangelien laufen zielstrebig auf den großen Zielpunkt der Auferstehung Jesu zu. Die letzte Woche in Jerusalem bildet dabei sowohl inhaltlich als auch von der Länge her einen großen Schwerpunkt. Bei der Passion Jesu berichten die einzelnen Evangelisten unterschiedliche Details und beleuchten darin verschiedene Sichtweisen auf das eine unerklärliche Ereignis. Die universale Bedeutung des Todes Jesu, die Johannes mit den Themen Verherrlichung, Vollendung und Erhöhung zum Ausdruck bringt, schildert z. B. Matthäus anhand des Zerreißens des Tempelvorhangs und des Erdbebens, das Jesu Sterben begleitet. Markus drückt die Grausamkeit des Kreuzes im verzweifelten Todesruf aus: *Mein Gott, mein Gott, warum hast du mich verlassen!*

Das besondere Wort

Im Todesschrei
Im Todesschrei
des Gekreuzigten
nachmittags um drei
an einem Freitag

bei Gewitterstimmung
und zitterndem Boden
stöhnt die ganze Menschheit

Warum

Bis heute hebt dieser Schrei
jede Antwort aus den Angeln
und zerreißt alle allmächtigen

Gottesbilder
                    Wilhelm Bruners

Er zeigte ihnen seine Hände und seine Seite

Von den Wunden der Liebe zum Wunder der Liebe
Johannes 20,19–29

„Da seid ihr ja, ganz ängstlich und verschlossen.
Kein Wunder nach eurem feigen Verhalten in den
vergangenen Tagen.
Das hätte ich mir von euch nicht erwartet!
In den schlimmsten Stunden habt ihr mich im Stich
gelassen!
Es ist arg, was mir alles angetan wurde. Auf niemanden ist
Verlass!
Und ihr seid nicht viel besser als diese machtgierige
Gruppe der Hohepriester.
Die gehen über Leichen, das haben wir jetzt endgültig
gesehen.
Aber so einfach geht das mit mir nicht. Die werden noch
dreinschauen!"

Stellen Sie sich vor, der Auferstandene hätte bei der ersten Begegnung mit seinen Jüngern in dieser Form gedacht
und geredet. Oder seine erste Botschaft wäre ein Mitleid
suchendes Jammern gewesen: „Schaut her auf meine Wun-

den. Ich bin so arm. Ich habe es so gut gemeint, aber niemand versteht mich, niemand mag mich."

Gott sei Dank verlaufen der Abend des Ostertages und die Begegnung mit dem Apostel Thomas eine Woche später ganz anders. Es ist befreiend, wie der Auferstandene mit der Ungerechtigkeit der vergangenen Tage und mit den Versäumnissen seiner Jünger umgeht. Nicht nur das Wissen, dass Wunden schmerzen, sondern auch die Ahnung, dass jeder Mensch einen Himmel über seinen Wunden hat, wird am Ostermorgen spürbar.

Er zeigt ihnen seine Wunden

Am Abend dieses ersten Tages der Woche, als die Jünger aus Furcht vor den Juden die Türen verschlossen hatten, kam Jesus, trat in ihre Mitte und sagte zu ihnen: Friede sei mit euch! Nach diesen Worten zeigte er ihnen seine Hände und seine Seite. Da freuten sich die Jünger, dass sie den Herrn sahen. Jesus sagte noch einmal zu ihnen: Friede sei mit euch! Wie mich der Vater gesandt hat, so sende ich euch. Nachdem er das gesagt hatte, hauchte er sie an und sprach zu ihnen: Empfangt den Heiligen Geist! Wem ihr die Sünden vergebt, dem sind sie vergeben; wem ihr die Vergebung verweigert, dem ist sie verweigert.

Johannes 20,19–23

Bei dieser Begegnung stelle ich mir immer wieder ähnliche Fragen: Warum wiederholt Jesus den Friedensgruß? Warum zeigt Jesus den Jüngern seine Hände und seine Seite? Die Erklärung, dass gerade beim Friedenswunsch die Wiederholung nicht schadet und dass zum Auferstandenen ganz wesentlich die Wundmale dazugehören, leuchtet ein. Trotzdem habe ich das Gefühl, dass dies nicht alles ist. Da steckt im mystischen Text des Johannesevangeliums noch mehr und Tieferes dahinter.

Man hat den Eindruck, dass der Auferstandene den Jüngern nicht nur die Wunden entgegenstreckt, sondern ihnen hilfreich alle fünf Finger und somit die ganze Hand reicht. Auf diese Weise werden sie ermutigt und befähigt, die Wunden der Vergangenheit ehrlich anzuschauen, versöhnt zu leben und daraus zu lernen. Es ist befreiend, dass die Jünger die Hand des Auferstandenen ergreifen und sich daran festhalten. Die fünf Finger der Hand gehören zusammen und ergänzen sich gegenseitig.

Osterfinger 1: Er trat in ihre Mitte

Nicht ohne Grund wird in den Ostererzählungen des Johannesevangeliums erwähnt, dass die Jünger aus Furcht vor den Juden die Türen verschlossen hatten und auch eine Woche später die Türen wieder versperrt waren. Die Angst sitzt tief. Am Ostertag durchbricht der Auferstandene nicht nur die Trennmauer des Todes, sondern auch andere Mauern, die sich Menschen selbst errichten oder von anderen gebaut werden. Jesus stellt sich in die Mitte der Jünger, damit sie sich von Angesicht zu Angesicht begegnen können und sich in die Augen schauen können. Worte, gesprochen aus einem dunklen Eck heraus, wären nicht nur komisch, sondern könnten sofort bewirken, dass sich die Jünger bedroht fühlen. Auch eine Woche später wird Jesus den Jüngern nicht vom Rand des Raumes etwas zurufen, sondern wieder ganz gezielt in ihre Mitte treten und auf diese Weise heilsame Begegnung möglich machen.

Osterfinger 2: Friede sei mit euch!

Die ersten Worte des Auferstandenen kommen aus seinem innersten Herzen: *Friede sei mit euch!* Jesus streckt dabei den Jüngern, die eine schwere Zeit hinter sich haben, seine Hände entgegen. Beim Abschied vor einigen Tagen hatte er ihnen bereits seinen Frieden verheißen: *Frieden hinterlasse ich euch, meinen Frieden gebe ich euch; nicht einen Frieden, wie die Welt ihn gibt, gebe ich euch. Euer Herz beunruhige sich nicht und verzage nicht* (Johannes 14,27). Diese Worte sind ein Wunsch und eine Zusage zugleich. Sie meinen nicht nur einen Zustand ohne Krieg und ständige Lebensgefahr, sondern ein Miteinander, bei dem sich die Menschen gegenseitig unterstützen und im Glauben ermutigen. Die Wiederholung des Friedenswunsches wirkt wie der einprägsame Refrain eines Liedes, der als Begleitmelodie das Denken und Fühlen der Jünger erfreut und durchdringt.

Osterfinger 3: Wie mich der Vater gesandt hat, so sende ich euch

Jesus gibt den Jüngern trotz ihres Versagens in den vergangenen Tagen einen neuen Lebensauftrag: *Wie mich der Vater gesandt hat, so sende ich euch!* Das gibt den Jüngern Wert und Würde, das macht sie mutig und glaubwürdig und öffnet ihnen den Blick für die Zukunft. Jesus traut diesen konkreten Jüngern und nicht irgendwelchen Idealjüngern zu, sein Lebenswerk fortzusetzen. Sein Vertrauen ist deswegen stark und unerschütterlich, weil er sich selbst vom Vater gesandt weiß. Die Worte im Bibeltext können sinngemäß auch kausal übersetzt werden: *Weil mich der Vater gesandt hat, so sende ich euch!*

Als Pfarrer darf und muss ich oft Leute bitten, ob sie bei einer Gruppe mitarbeiten und Verantwortung übernehmen wollen. Dieses Fragen ist nicht immer leicht. Gleichzeitig erlebe ich dabei, wie sich einzelne Menschen freuen, dass ich ihnen etwas zutraue und dass sie gebraucht werden. „Danke, dass du an mich gedacht hast." „Es ehrt mich, wenn ich mithelfen kann." Solche Rückmeldungen ermutigen mich, jemanden ganz direkt anzureden. Gerade Menschen, die eine schwierige Phase erleben und an sich selber zweifeln, erfahren dadurch Würde und die Chancen, aus dem Kreisen um die Vergangenheit herauszukommen.

Es gehört zu meinen prägenden Erfahrungen in der Jugendarbeit, dass junge Menschen am meisten fürs Leben lernen, wenn wir ihnen Verantwortung übertragen und ihnen Vertrauen schenken. Sie können dabei Erfahrungen sammeln und mit Aufgaben wachsen. Auch Misserfolg bietet eine Chance des Lernens, wenn er offen und ehrlich besprochen wird und die Betroffenen miteinander überlegen, was das nächste Mal verbessert werden kann. Schlimm und unfair wäre es, jemandem nichts mehr zuzutrauen oder überhaupt zu sagen, dass junge Leute noch keine Verantwortung übernehmen können.

Osterfinger 4: Empfangt den Heiligen Geist!

Der Auferstandene verteilt nicht nur neue Aufgaben, sondern stellt den Jüngern sofort die größte Hilfe zur Seite. *Nachdem er das gesagt hatte, hauchte er sie an und sprach zu ihnen: Empfangt den Heiligen Geist!* Dieser Geist kann ihr ganzes Leben und Wirken prägen. Er will sie ganz erfüllen, damit sie die Grundhaltung Jesu „bis ins Blut" übernehmen. Das hat etwas mit Neuschöpfung zu tun. Nicht ohne Grund haucht der Auferstandene die Jünger in gleicher Weise an, wie es Gott bei der Schöpfung des Menschen erstmalig getan hat (Genesis 2,7).

Ich frage mich immer wieder, welche Voraussetzungen da sein müssen, dass Heilung und Versöhnung geschehen können und dass Menschen die Kraft haben, etwas gut abzuschließen und aus Fehlern zu lernen. Die Bibel bringt dieses Geschenk mit dem Wirken des Heiligen Geistes in Verbindung. Wer den Heiligen Geist wirken lässt, muss sich nicht ständig überfordern, weil er sich wie Münchhausen selber aus dem Dreck ziehen will. Wer diesen Geist empfängt, darf sich Gott anvertrauen und Heilung einfach geschehen lassen. Er muss nicht alles in der Hand haben, weil er von der Hand eines anderen gehalten wird. In diesem Menschen lebt die Hoffnung, dass dort, wo wir Menschen nicht mehr weiterkommen, Gott noch lange nicht am Ende ist.

Osterfinger 5: Wem ihr die Sünden vergebt, dem sind sie vergeben

Die Jünger erhalten vom Auferstandenen einen umfassenden Sendungsauftrag, aus dem die Bevollmächtigung zur Sündenvergebung in besonderer Weise hervorragt. Diese ist ein großes Geschenk und eine riesige Verantwortung zugleich. Obwohl das Anliegen der Vergebung ein Dauerthema Jesu ist, erfolgt innerhalb des Johannesevangeliums nur hier am Ostertag der ausdrückliche Auftrag und die Zusage, Sünden zu vergeben. Er buchstabiert das Geschenk der Auferstehung ins Heute. Nicht erst am Ende der Welt soll Auferstehung spürbar und wirksam sein. Auch wenn im Johannesevangelium noch offenbleibt, mit welchen Worten und in welcher Form Vergebung zugesagt werden kann, so ist hier doch für alle Jahrhunderte grundgelegt, dass ab jetzt Menschen im Namen Jesu den Dienst der Sündenvergebung erfüllen können und sollen.

Ich vergleiche Sünden sehr gerne mit schweren Steinen, die ich im Wanderrucksack mittrage, die mich niederdrücken, belasten und auf jeden Fall unbeweglicher machen. Die Bitte um Vergebung heißt, diese Lasten bei einer Müllsammelstelle abgeben zu dürfen. Wir müssen die Lasten dann nicht mehr mittragen oder sie uns gegenseitig mit Tricks zuschieben. Im deutschen Wort „vergeben" steckt das Wort „geben". Vergebung heißt nicht Schuld zurückgeben oder zurückzahlen, sondern von sich weggeben und abstellen. Wir ahnen und wissen hoffentlich aus eigener Erfahrung, welche Erleichterung dies bewirkt. Die Verweigerung der Vergebung hingegen hat zur Folge, dass Menschen weiterhin ihre Lasten tragen müssen. Viele zerbrechen daran oder laden sie anderen auf.

Versöhnt mit den eigenen Wunden leben?

„Warum zeigt der Auferstandene seine Wunden? Wäre es nicht besser, wenn er keine Spuren von Verletzungen tragen würde?", werden einige zu Recht einbringen. Die Wunden gehören ganz wesentlich zum irdischen Jesus und zum Auferstandenen dazu. Sie sind ein fundamentaler Teil seines Lebens und ein wichtiger Teil der Erlösung.

Aber nicht nur das: Die Wunden des Auferstandenen wollen den Jüngern helfen, die dunkle Vergangenheit der letzten Tage anzunehmen und nicht zu verdrängen oder zu bagatellisieren. Dies ist nicht leicht. Deshalb reicht Jesus den Jüngern in den fünf „Osterfingern" einen Deutungsschlüssel und eine große Hilfestellung. Ohne die spürbare Nähe und den wohlwollenden Augenkontakt würde das Zeigen der Wunden zu einer moralischen Keule werden und ohne den Friedenswunsch zu einem Drohfinger. Der Auftrag, im Namen Jesu zu wirken, und die Zusage des Heiligen Geistes unterstreichen, dass die Jünger neu anfangen können. Mit den klaren Worten der Versöhnung und Ermutigung zeigt der Auferstandene ohne Wenn und Aber, dass er niemandem ein schlechtes Gewissen machen will, sondern seinen Übeltätern vergibt. Er durchbricht damit den ewigen Kreislauf der Rachephantasien und Schuldzuweisungen und öffnet den Weg für Vergebung, Heilung und Zukunft. Die Entscheidung zur Versöhnungsbereitschaft prägte sein ganzes irdisches Leben bis hin zum Kreuz und geht jetzt weiter. Der Auferstandene gibt nicht nur die Richtung an, sondern nimmt uns bei der Hand und geht uns selbstverständlich voraus. Er will, dass aus den Wunden der Liebe das Wunder der Liebe erwächst.

Im Laufe des Lebens erleidet jeder Mensch so manche Verwundungen und Verletzungen. Wir alle erinnern uns nur zu gut an erste harmlose Kratzer oder Schürfwunden in der Kindheit. Es war gut, dass diese rasch verheilten. Dies gilt leider nicht für schwerwiegende körperliche und seelische Verletzungen, deren Spuren einen Menschen oft ein ganzes Leben lang prägen. Viele Betroffene versuchen aufgrund von Scham- und Schuldgefühlen oder auch aus Angst vor neuerlichen Verwundungen diese Wunden zu verstecken. Andere wiederum erzählen bereits beim ersten Kennenlernen ganz ausführlich ihr erlittenes Unrecht und bemerken dabei nicht, dass sie sich mit ihren Worten gedanklich ständig im Kreis drehen. Eine gute Aufarbeitung ist noch nicht geschehen.

Äußere Wunden benötigen Zeit zum Heilen und die richtige Erstversorgung durch Blutstillung, Wundreinigung und einen Wundschutz. Für deren Heilung ist wichtig, dass frische Luft den Heilungsprozess beschleunigt. Auch seelische Verletzungen sollten schnell und grundlegend behandelt werden. Dies ist aber nicht immer möglich und fordert auch Kraft und die Bereitschaft, die erlittenen seelischen Schmerzen und verletzten Gefühle zuzulassen: „Hilfreich ist es, bei einer solchen inneren Reise mit jemandem im Gespräch zu sein, mit dem sich offen und ungeschminkt reden lässt. Denn wenn wir uns einem Mitmenschen in unserer Not unverstellt zeigen, dann können auch wir selbst diese schwierige Wirklichkeit in uns leichter anschauen. Darüber hinaus weitet ein gutes Gespräch den eigenen Blick und eröffnet neue Perspektiven. Wer eine realistischere Sicht vom anderen und von sich selbst und den eigenen Anteilen am Konflikt gewinnt, kann die erlittene Verletzung leichter verarbeiten" (Bischof Manfred Scheuer im Hirtenbrief 2015). Wenn wir hingegen Schmerzen und Kränkungsgefühle wie Wut, Scham oder Angst leugnen oder überspielen, dann entwickeln diese ein unkontrollierbares Eigenleben. Wenn diese Gefühle zusätzlich mit dem Gift der Rache in Verbindung kommen, dann wird Heilung für längere Zeit verhindert.

Als junger Priester habe ich mich oft gefragt, warum es im Lossprechungsgebet der heiligen Beichte heißt: „Durch den Dienst der Kirche schenke er dir Verzeihung und Frieden." Genügt nicht bereits die Bitte um Verzeihung? Inzwischen weiß ich aus vielen Gesprächen, wie eng Verzeihung und innerer Frieden zusammenhängen, aber leider nicht identisch sind. Frieden, verbunden mit der Fähigkeit, mit den Fehlern der Vergangenheit versöhnt zu leben, scheint mir oft noch schwerer erreichbar zu sein als die bloße Fähigkeit, jemandem durch und durch zu vergeben.

Ein alter Indianer erzählte seinem Enkel eine große Tragödie, die sich vor langer Zeit in seinem Leben ereignete: Er sagte ihm: „Diese Tragödie beschäftigt mich heute noch, nach vielen Jahren." Der Enkel fragte: „Was fühlst du, Großvater, wenn du heute an diese Tragödie denkst?" Der Alte antwortete: „Es ist, als ob zwei Wölfe in meinem Herzen miteinander ringen. Der eine Wolf ist rachsüchtig und gewalttätig, der andere ist großmütig und liebevoll." Nun fragte der Enkel: „Welcher Wolf wird den Kampf in deinem Herzen gewinnen?" Der Alte antwortete: „Der, den ich füttere!"

Der Apostel Thomas berührt die Wunden Jesu

Thomas, genannt Didymus (Zwilling), einer der Zwölf, war nicht bei ihnen, als Jesus kam. Die anderen Jünger sagten zu ihm: Wir haben den Herrn gesehen. Er entgegnete ihnen: Wenn ich nicht die Male der Nägel an seinen Händen sehe und wenn ich meinen Finger nicht in die Male der Nägel und meine Hand nicht in seine Seite lege, glaube ich nicht. Acht Tage darauf waren seine Jünger wieder versammelt und Thomas war dabei. Die Türen waren verschlossen. Da kam Jesus, trat in ihre Mitte und sagte: Friede sei mit euch! Dann sagte er zu Thomas: Streck deinen Finger aus – hier sind meine Hände! Streck deine Hand aus und leg sie in meine Seite, und sei nicht ungläubig, sondern gläubig! Thomas antwortete ihm: Mein Herr und mein Gott! Jesus sagte zu ihm: Weil du mich gesehen hast, glaubst du. Selig sind, die nicht sehen und doch glauben.

Johannes 20,24–29

Am Boden liegt ein vier Meter langes Fragezeichen. Auf dem Punkt des Fragezeichens steht ein Mann, der vorsichtig und mit skeptischem Blick den Schritt zur Schlinge des Fragezeichens hinüberwagt. Darüber sind die Worte „Wir sind Thomas!" geschrieben.

Ich weiß nicht, ob Sie diesen Cartoon schon einmal gesehen haben und was Sie darüber denken: „Stimmt, ich bin oft wie der Apostel Thomas, der nicht sofort glauben kann!" „Nein, ich will nicht wie Thomas sein!" „Man darf nicht alle Menschen in einen Topf werfen!" Der Cartoon löst bei mir ein zustimmendes Schmunzeln aus, das Fragezeichen regt mich an nachzudenken, was ausgerechnet dieses Zeichen mit dem Apostel Thomas zu tun hat und was wohl ein bloßer Punkt oder ein Rufzeichen an dieser Stelle bedeuten würden.

Verschiedene Formen des Umgangs mit Wunden lassen sich gut anhand des Fragezeichens oder eines Punktes bzw. Rufzeichens beschreiben. Der Apostel Thomas hat mit seinem Dranbleiben und seinem kritischen Hinterfragen eine gute Wahl getroffen, die vielen Menschen eine Hilfe geworden ist.

Kritisches Nachfragen

Mit dem angedeuteten Sprung des Thomas hinüber auf die Schleife kommt Bewegung in den Stillstand: Soll ich, soll ich nicht? Ist der Spalt nicht doch zu groß, dass ich hinunterfalle? Der Apostel Thomas springt nicht sofort, er gibt skeptische Rückmeldungen. *Wenn ich nicht die Male der Nägel an seinen Händen sehe und wenn ich meine Finger nicht in die Male der Nägel und meine Hand nicht in seine Seite lege, glaube ich nicht.*

Und doch. Seine Frage bewirkt, dass ihm Jesus von der anderen Seite her entgegenkommt: *Streck deinen Fin-*

*ger aus – hier sind meine Hände! Streck deine Hand aus
und leg sie in meine Seite!* Der Auferstandene geht auf die
Bedingungen des Thomas ein. Hatte er in der vorausgehenden Begegnung mit Maria Magdalena noch gesagt:
Halte mich nicht fest! (Johannes 20,17), so lädt er jetzt zur
Berührung seiner Wunden ein. Ob Thomas wirklich die
Hand in die Wunden gelegt hat, wissen wir nicht. Er hat
auf jeden Fall Entscheidendes begriffen. Ausgerechnet er,
der nicht leichthin aufgrund des Osterzeugnisses der anderen glaubt, kann jetzt überzeugt und überzeugend das
große Glaubensbekenntnis ablegen: *Mein Herr und mein
Gott!*

Zugegeben, Thomas braucht jemand, der ihn heraus-
lockt. Aber er lässt dies auch zu und blockiert nicht sofort
jede Herausforderung. Braucht Versöhnung nicht auch
Menschen, die uns helfen und ermutigen, sogar auf die Gefahr hin, dass wir wie Thomas zunächst die Verletzungen
berühren müssen?

Fixer Standpunkt und Besserwisserei

Wäre Thomas allein auf der Säule eines Punktes abgebildet,
dann wäre er ein Säulensteher nach dem Motto: „Um nicht
herunterzufallen, mache ich weder einen Schritt vorwärts
noch rückwärts. Wenn ich mich bewege, dann drehe ich
mich höchstens im Kreis."

Das wäre ein Thomas, der sagt: „Im Leben ist nichts
Neues zu erwarten, ich bleibe am besten unbeweglich auf
meinem Standpunkt. Was es bis jetzt nicht gegeben hat,
wird auch jetzt nicht möglich sein. Auferstehung hat es bis
jetzt nicht gegeben, warum soll sie nun möglich sein. Versöhnung war nie leicht, warum sollte ich es jetzt wagen."

Wäre Thomas auf einem Rufzeichen abgebildet, dann ginge die Botschaft nochmals in eine andere Richtung. Er wäre einer, der alles besser wüsste und von oben herab den anderen diktiert, was zu geschehen hat. Dann würde er vielleicht sogar dem Auferstandenen vorschreiben, was er zu tun hat. Versöhnung als Rufzeichen geht überhaupt nicht. Die Fronten wären verhärtet und erinnern an die fiktiven Worte des Auferstandenen am Beginn dieses Kapitels.

Vergleich mit den anderen Evangelien

Die Osterberichte aller vier Evangelien überraschen auf Schritt und Tritt. Sie führen mit verschiedenen Schwerpunkten in eine neue befreite Welt.

In der Schilderung des ersten Ostertages gibt es viele Ähnlichkeiten zwischen Johannes und Lukas. In beiden wird der Friedensgruß Jesu, die Angst der Jünger, das Zeigen der Wunden, die aufkommende Freude und der Auftrag der Sündenvergebung beschrieben. Gemäß Lukas lindert der Auferstandene mit dem Zeigen seiner Wunden die Bestürzung und den Zweifel der Jünger: *Seht meine Hände und meine Füße an: Ich bin es selbst. Fasst mich doch an, und begreift: Kein Geist hat Fleisch und Knochen, wie ihr es bei mir seht. Bei diesen Worten zeigte er ihnen seine Hände und Füße* (Lukas 24,39–40). Hier wird das Zeigen der Wunden zu einem Beweis des Auferstandenen, dass er wirklich der irdische Jesus und nicht ein Geist ist. Um dies zu unterstreichen, isst er anschließend vor ihren Augen ein Stück gebratenen Fisch.

Sündenvergebung und die Gabe des Geists sind auch bei Lukas untrennbar mit der Osterbotschaft verbunden: *Er sagte zu ihnen: Der Messias wird leiden und am dritten Tag*

*von den Toten auferstehen, und in seinem Namen wird man
allen Völkern, angefangen in Jerusalem, verkünden, sie sollen
umkehren, damit ihre Sünden vergeben werden. Ihr seid Zeugen dafür. Und ich werde die Gabe, die mein Vater verheißen
hat, zu euch herabsenden. Bleibt in der Stadt, bis ihr mit der
Kraft aus der Höhe erfüllt werdet* (Lukas 24,46–49). In diesen Worten verheißt der Auferstandene die Gabe des Geistes für die kommenden Tage, bei Johannes wird sie bereits
am Ostertag geschenkt.

Das besondere Wort

Acht Erinnerungen auf dem Weg der Erneuerung

*1. Lass dich nicht wieder von Angst gefangen nehmen,
sondern bleib bei der hilfreichen Wahrheit.
2. Trau anderen Veränderung zu, und misstraue denen nicht,
die sich ehrlich ändern wollen, denn auch dazu gehört Mut.
3. Suche deinen eigenen konkreten Beitrag und verfolge ihn
beharrlich. Du musst dich auch selbst bewegen.
4. Enthalte dich der Gewalt der Faust, der Zunge und des
Herzens. Nicht gegeneinander, sondern nur miteinander lässt
sich das Land verändern.
5. Such nach Verbündeten vor allem bei denen, die scheinbar
auf der anderen Seite stehen.
6. Hab Geduld, denn der Weg wird lang sein. Aber sei
ungeduldig gegenüber denen, die sich nicht bewegen wollen.
7. Nimm wahr, was sich verändert. Bring ans Licht, wo sich
nichts verändert. Dulde keinen Stillstand.
8. Löse die Aufgaben von heute. Denke nach über die Ziele
von morgen. Aber verschiebe nichts auf übermorgen.*

*Friedensandacht
Magdeburg, im November 1989*

Zeugen gesucht

Epilog
Johannes 21,24–25

Dieser Jünger ist es, der all das bezeugt und der es aufgeschrieben hat; und wir wissen, dass sein Zeugnis wahr ist. Es gibt aber noch vieles andere, was Jesus getan hat. Wenn man alles aufschreiben wollte, so könnte, wie ich glaube, die ganze Welt die Bücher nicht fassen, die man schreiben müsste.

Johannes 21,24–25

An einer unübersichtlichen Straßenkreuzung hat sich ein tragischer Verkehrsunfall mit zwei Todesopfern und mehreren beschädigten Autos ereignet. Es ist nicht ganz klar, wie es zum schrecklichen Ereignis gekommen ist. Die Zeitung bittet, dass sich Zeugen bei der Polizei melden, um bei Klärung des Vorfalls mitzuhelfen.

Die gesuchten Zeugen müssen einige Kriterien erfüllen: Sie müssen beim Ereignis dabei gewesen sein, aber nicht nur das: Sie sollen als Augenzeugen genau gesehen haben, was sich ereignet hat. Es wäre zu wenig, wenn jemand nur Vermutungen anstellt. Es geht nicht darum, dass die Zeugen im Mittelpunkt stehen, sondern dass die Wahrheit gefunden wird. Um die Glaubwürdigkeit der Zeugen zu unterstreichen, nimmt die Polizei ihre Daten auf und lässt den schriftlichen Zeugenbericht mit deren Unterschrift bestätigen. Anonyme Anrufe reichen nicht aus, um ein sicheres Urteil zu sprechen. Wenn mehrere Zeugen dieselbe Aussage machen, dann ist die Klärung des Vorfalls schneller möglich.

Es gibt Situationen, in denen Zeugen vor der Polizei ihre Identität bekannt geben, aber nicht öffentlich genannt werden wollen. Sie befürchten, dass sie dann als Verräter beschimpft werden oder sogar größere Nachteile in Kauf nehmen müssen. In manchen Staaten begeben sich Menschen, die vor Gericht gegen Korruption und Machenschaften der Reichen aussagen, in Lebensgefahr. Blutzeugen stehen für die Wahrheit ein und nehmen in Kauf, lieber getötet zu werden, als ihre Überzeugung zu verraten.

Das Johannesevangelium verwendet mehrfach die Begriffe Zeuge (griechisch „martys"), Zeugnis (griechisch „martyria") und Zeugnis geben („martyreo"). Dabei lässt sich eine klare innere Logik erkennen: Jesus ist der Zeuge schlechthin. Weil er ganz vom Vater kommt, kann er das höchste Zeugnis für den Vater und für die Wahrheit geben. Menschen wie Johannes der Täufer legen Zeugnis für Jesus ab, um andere von der Größe Jesu zu überzeugen und zu Jesus hinzuführen. Jesus fordert auf, dass nicht nur wenige Auserwählte, sondern alle Menschen von ihm Zeugnis geben. Für diesen Dienst verspricht er allen den Heiligen Geist als Hilfe.

Jesus als Kronzeuge

Ich aber habe ein gewichtigeres Zeugnis als das des Johannes: Die Werke, die mein Vater mir übertragen hat, damit ich sie zu Ende führe, diese Werke, die ich vollbringe, legen Zeugnis dafür ab, dass mich der Vater gesandt hat. Auch der Vater selbst,

der mich gesandt hat, hat über mich Zeugnis abgelegt. Ihr habt
weder seine Stimme gehört noch seine Gestalt je gesehen, und
auch sein Wort bleibt nicht in euch, weil ihr dem nicht glaubt,
den er gesandt hat. Ihr erforscht die Schriften, weil ihr meint,
in ihnen das ewige Leben zu haben; gerade sie legen Zeugnis
über mich ab.

Johannes 5,36–39

Jesus erfüllt alle Bedingungen als Kronzeuge für den Vater
und die göttliche Wahrheit. Das Johannesevangelium beschreibt seine Einzigartigkeit auf zwei Ebenen, der Beziehung zum Vater und zu den Menschen. Niemand steht dem
Vater so nahe. *Niemand hat Gott je gesehen. Der Einzige,
der Gott ist und am Herzen des Vaters ruht, er hat Kunde
gebracht* (Johannes 1,17–18). Niemand hat den Vater in seiner Fülle gesehen, niemand hat den ausdrücklichen Auftrag, als Kronzeuge überall von diesem Vater zu erzählen,
von seinem Licht, von seiner Würde, von seiner Liebe, von
seiner Wahrheit. Niemand kann dies, weil niemand seine
Stimme gehört oder seine Gestalt gesehen hat und deshalb
als Augen- und Ohrenzeuge alles berichten kann. Er gibt
vor den Menschen in Worten und Werken Zeugnis über
den Vater und steht bis zum Letzten und Äußersten für diese Wahrheit ein. Er geht seinen Weg konsequent und stirbt
den Tod eines Zeugen. Seine Botschaft und sein Handeln
passen hundertprozentig zusammen. Jesus beansprucht,
dass auch die Schriften Zeugnis über ihn geben. Er lädt ein,
diese als Verständnishilfe zu nützen.

Jesu Einzigartigkeit zeigt sich auch in der Beziehung zu
den Menschen. Wie ein Spiegel strahlt Jesus Gottes Fülle
in die Welt hinein und entfernt somit schon so manchen
Schleier, der den direkten Kontakt mit dem Vater verhindert. In seinem Zeugnis geht es nicht um Rechthaberei oder

Aufklärung alter Geschichten mit der Bestrafung der wahren Täter, sondern um die Beziehung zum Vater und um den Glauben. Gott sei Dank hat unsere Welt diesen Kronzeugen Jesus Christus! Schau auf Jesus und du weißt, wie der Vater ist!

Johannes der Täufer als erster Zeuge

Dies ist das Zeugnis des Johannes: Als die Juden von Jerusalem aus Priester und Leviten zu ihm sandten mit der Frage: Wer bist du?, bekannte er und leugnete nicht; er bekannte: Ich bin nicht der Messias. Sie fragten ihn: Was bist du dann? Bist du Elija? Und er sagte: Ich bin es nicht. Bist du der Prophet? Er antwortete: Nein. Da fragten sie ihn: Wer bist du? Wir müssen denen, die uns gesandt haben, Auskunft geben. Was sagst du über dich selbst? Er sagte: Ich bin die Stimme, die in der Wüste ruft: Ebnet den Weg für den Herrn!

Johannes 1,19–23

Die Glaubensgeschichte vieler Menschen, ihr Suchen und Ringen, aber auch ihr Verzweifeln an Gott zeigen, dass eine erfüllte Beziehung zu Gott oft nur bruchstückhaft möglich ist. Auch in den Jahren, in denen der Kronzeuge Jesus sichtbar auf der Erde lebte, war Gotteserkenntnis schwierig und Jesu Einzigartigkeit alles andere als unumstritten. Sie löste vielfach sogar Blockaden, Abwehrhaltungen und schlussendlich sogar den Tod Jesu aus.

So ist es hilfreich, beides in der Bibel zu betrachten, sowohl die Glaubensschwierigkeiten von Menschen als auch so manches Glaubensvorbild. Menschen wie die Samariterin am Jakobsbrunnen, Nikodemus, Maria und Marta, Lazarus, Thomas, Petrus, Maria Magdalena, Pilatus, die anonyme Menschenmasse, der römische Hauptmann oder Johannes der Täufer können helfen, das eigene Leben neu und aus einem anderen Blickwinkel zu sehen. Deshalb soll am Ende dieses Buches nochmals zusammenfassend die Dynamik aufgezeigt werden, wie konkrete Menschen den Kontakt zu Jesus finden und dann Zeugnis für Jesus ablegen. Dabei wiederholen sich öfters folgende Schritte: Menschen begegnen Jesus, sind ihm gegenüber aber zunächst zurückhaltend und kritisch eingestellt. Trotzdem kommt es zu einer persönlichen Begegnung mit Jesus. Der direkte Kontakt mit Jesus bewirkt eine Änderung ihrer Meinung und stärkt den Glauben. Sie erzählen dann ganz selbstverständlich, was Jesus getan hat und wer er für sie ist.

Das Johannesevangelium beschreibt Johannes den Täufer als ersten Zeugen für Jesus. Dieser wird nicht so sehr als Bußprediger dargestellt, sondern als Zeuge, der andere Menschen zu Jesus führt. Priester und Leviten, die von den Juden Jerusalems zu ihm geschickt wurden, bindet er nicht an sich, sondern verweist sie sofort weiter an Jesus. Sein Zeugnis für Jesus ist kein bezahlter Job, sondern geschieht aufgrund seiner Erfahrungen bei der Taufe Jesu: *Und Johannes bezeugte: Ich sah, dass der Geist vom Himmel herabkam wie eine Taube und auf ihm blieb. Auch ich kannte ihn nicht; aber er, der mich gesandt hat, mit Wasser zu taufen, er hat mir gesagt: Auf wen du den Geist herabkommen siehst und auf wem er bleibt, der ist es, der mit dem Heiligen Geist tauft. Das habe ich gesehen, und ich bezeuge: Er ist der Sohn Gottes* (Johannes 1,32–34). Johannes ist Augenzeuge dieses unerklärlichen Geheimnisses. Er will, dass es niemals vergessen wird. Er ist überzeugt, dass die Begegnung mit Jesus ein Leben verändert. Deshalb schickt er verschiedenste Menschen zu Jesus. Er verweist zwei seiner eigenen Jünger, Andreas und einen namentlich unbekannten, auf Jesus und fördert deren persönlichen Kontakt untereinander.

Die Samariterin und die Jünger

Auch die Frau am Jakobsbrunnen wird zu einer Zeugin für Jesus. Sie hat erkannt, dass er der Messias ist, und hat am eigenen Leib erfahren, wie behutsam Jesus mit ihrer Wahrheit umgeht. Dazu kann sie nicht schweigen, das muss sie sofort den Bewohnern ihrer Stadt Sychar erzählen. Das Interesse an Jesus und das Zeugnis über ihn schlägt in der Stadt sofort Wellen. Nach der direkten Begegnung mit Jesus sind auch die anderen Bewohner überzeugt: *Nicht mehr aufgrund deiner Aussage glauben wir, sondern weil wir ihn selbst gehört haben und nun wissen: Er ist wirklich der Retter der Welt* (Johannes 4,42). Im Dorf Betanien geschieht Ähnliches: Die Bewohner erleben, wie Jesus seinen Freund Lazarus aus dem Grab ruft und somit sogar die Fesseln des Todes sprengt. Kein Wunder, dass sie davon Zeugnis ablegen (Johannes 12,17).

Klar, dass Jesus auch seine Jünger zu seinen Zeugen machen will. Sie haben viele persönliche Erlebnisse mit ihm und sind deshalb als Zeugen besonders geeignet. Jesus weiß, dass sie trotzdem überfordert sind und ab und zu sogar den Mut verlieren, von ihm zu erzählen. Deshalb verspricht er ihnen beim letzten Abendmahl eine Hilfe: *Wenn aber der Beistand kommt, den ich euch vom Vater aus senden werde, der Geist der Wahrheit, der vom Vater ausgeht, dann wird er Zeugnis für mich ablegen. Und auch ihr sollt Zeugnis ablegen, weil ihr von Anfang an bei mir seid* (Johannes 15,26–27). Der Paraklet bewirkt, dass Jesu Botschaft nicht verloren geht und über alle Jahrhunderte hinweg die Herzen der Menschen erreicht. Jesus und der Paraklet garantieren den Jüngern und Jüngerinnen keine heile Welt. Ganz im Gegenteil: Sie werden Misserfolg und Verfolgungen erleben. Aber mit Hilfe des Parakleten werden die Jünger und

Jüngerinnen in den Verfolgungssituationen standhalten und geisterfüllte Zeugen Jesu werden.

Der Evangelist Johannes als Zeuge

Für das Johannesevangelium ist wichtig, dass ein Ereignis im Leben Jesu besonders verkündet wird. Es ist der Tod Jesu, seine Erhöhung am Kreuz: *Und der, der es gesehen hat, hat es bezeugt, und sein Zeugnis ist wahr. Und er weiß, dass er Wahres berichtet, damit auch ihr glaubt* (Johannes 19,35). Die „Blitze des Karfreitags" dürfen niemals vergessen werden. Sie sollen hineinleuchten in die tiefste Finsternis dieser Welt, um dieser die zerstörerische Macht zu nehmen. Sie lassen als Ziel allen Lebens bereits das Licht des Ostermorgens aufscheinen. So eine große Botschaft darf nicht verloren gehen. Deshalb greift der Verfasser des Johannesevangeliums zur Feder und hinterlässt uns sein Zeugnis sogar in schriftlicher Form. Er weiß, welche Schatzkiste er damit den Menschen aller Jahrhunderte übergibt. Er will, dass wir Leserinnen und Leser seines Evangeliums uns angesprochen fühlen. Deshalb wendet er sich zweimal direkt an uns, nämlich bei der Schilderung der Kreuzigung Jesu und am Ende des Evangeliums: *Noch viele andere Zeichen, die in diesem Buch nicht aufgeschrieben sind, hat Jesus vor den Augen seiner Jünger getan. Diese aber sind aufgeschrieben, damit ihr glaubt, dass Jesus der Messias ist, der Sohn Gottes, und damit ihr durch den Glauben das Leben habt in seinem Namen* (Johannes 20,30–31).

Zeugen gesucht – wir dürfen nicht schweigen!

Durch die Beschäftigung mit dem Johannesevangelium
wird mir Folgendes immer klarer:

Hinauszugehen in die Welt und von Jesus zu erzählen
ist nicht Hobby einiger Auserwählter oder besonders En-
gagierter, sondern zutiefst Sache des Glaubens. Glaube will
mehr sein als ein egoistisches Wellnessbad, um den eigenen
Problemen und Sorgen zu entkommen. Eine Kirche, die
nur um ihr eigenes Wohl besorgt ist und sich angstvoll in
feste Räume einschließt, verhindert österliche Aufbrüche
und widerspricht zutiefst der Botschaft Jesu Christi.

Deshalb

▸ lädt uns das Johannesevangelium ein, Zeugen Jesu zu
  sein und zu werden.

▸ werden wir im Bibeltext direkt angesprochen. Nicht nur
  die anderen sind gemeint, wenn Jesus seine unwiderruf-
  liche Liebe zusagt und auffordert, in dieser Spur täglich
  konkrete Taten zu setzen. *Liebt einander, wie ich euch
  geliebt habe.*

▸ bietet das Johannesevangelium die Lebensgeschichte
  anderer Menschen an, als Beispiel und Kontrast, als Herausforderung und als Würdigung einzelner Menschen.

▸ will das Johannesevangelium täglich neu zu Begegnungen mit Jesus führen. Dahinter steckt die Überzeugung
  und Sicherheit, dass persönliche Begegnungen mit Jesus
  jeden Menschen verändern und zu einer sprudelnden
  Quelle werden.

▸ berichtet das Johannesevangelium von Zeichen, die tiefer in die Welt blicken, so manche Zusammenhänge aufleuchten und uns gelassen mit dem vielem Unverständ-
  lichen leben lassen.

▸ sagt uns das Evangelium den Heiligen Geist als Hilfe und Trost zu. Christentum ist kein Hochleistungssport, sondern ein alle bereicherndes Wechselspiel zwischen Geben und Nehmen.

▸ liegt es auch an mir, welche Ereignisse der Bibel an unsere Kinder und Enkelkinder weitererzählt und welche vergessen werden.

Kommt und seht! (Johannes 1,39). Diese Worte Jesu an die beiden Johannesjünger gelten auch uns. Wenn wir die Einladungen zum persönlichen Kontakt mit Menschen und Jesus nützen, dann haben wir viel zu erzählen und werden echte Augen- und Ohrenzeugen. Dann dürfen wir nicht vornehm schweigen, um ja nicht in den Verdacht zu kommen, anderen unsere Erfahrungen oder unsere Werte aufzudrängen. Dann schreiben wir das Evangelium weiter hinein in unsere Zeit und unsere Welt.

Es geht hier nicht um Nebensächlichkeiten oder um irgendwelche historischen Berichte.
Es geht um uns, um die Zukunft, um die Welt.
Es geht um Begegnung mit Jesus.
Ihr seid Zeugen.
Du bist Zeugin.
Du bist Zeuge.

Quellenverzeichnis

Die Bibelzitate stammen aus der Einheitsübersetzung der Heiligen Schrift © 1980 Katholische Bibelanstalt, Stuttgart. Alle Texte in der Rubrik „Das besondere Wort", die nicht durch einen Autor gekennzeichnet sind, stammen von Franz Troyer.

S. 30f: aus: Wilhelm Willms, Mitgift* eine Gabe, mitgegeben in die Ehe © 1979 Butzon & Bercker GmbH, Kevelaer, 10. Aufl. 1996, S. 40f, www.bube.de

S. 88: aus: Klemens Nodewald, Das Herz öffnen. Gedanken und Gebete zu Berufung und Sendung der Christen © Echter Verlag Würzburg 2008, S. 101.

S. 97: Klaus Hemmerle, Hirtenbriefe, herausgegeben von Karlheinz Collas, Aachen 1994, S. 113.

S. 131f: Atme in uns, Heiliger Geist, © 1982 Gemeinschaft Emmanuel, Kolbergstr. 4–6, D-84503 Altötting.

S. 164f: Wilhelm Bruners, Im Todesschrei, aus: Niemandsland. Gott. Gedichte und Meditationen, © Tyrolia-Verlag, Innsbruck-Wien, 2. Aufl. 2015.

Wir danken den Autoren und Verlagen für die freundliche Genehmigung zum Abdruck. Leider war es uns nicht in allen Fällen möglich, die Rechteinhaber zu ermitteln. Wir bitten um Hinweise an den Verlag. Allfällige Ansprüche werden gerne nachträglich abgegolten.